全国学前教育专业
"十三五"规划教材

色彩

全彩微课版

◎ 王亚杰 编著

人民邮电出版社

北京

图书在版编目（CIP）数据

色彩：全彩微课版 / 王亚杰编著. — 北京：人民
邮电出版社，2019.1（2024.2重印）
全国学前教育专业"十三五"规划教材
ISBN 978-7-115-49632-4

Ⅰ．①色… Ⅱ．①王… Ⅲ．①色彩学—幼儿师范学校
—教材 Ⅳ．①J063

中国版本图书馆CIP数据核字（2018）第235109号

内 容 提 要

本书根据当代艺术教育理念，针对师范类教育尤其是学前教育对美术技能的基本要求，以培养读者的感受力和创造力为核心，详细介绍了色彩的概念、色彩组织关系、色彩的感知、色彩造型、色彩构成、色彩插画、色彩图案、色彩装饰、色彩装置、色彩材料、色彩创意表现、色彩产品创意设计等知识，并增加了讨论与实践、知识拓展两个环节。

本书生动地阐述了色彩的理论知识和色彩的创作方法，并结合大量图片资料与生活实例，融入丰富的材料实验和当代艺术元素。全书内容前沿、示范清晰，并配套了微课视频以还原色彩技能讲述现场的真实性。

本书既可作为学前及小学师范类专业美术教育课程的教学用书，也可作为相关培训机构参考使用的培训教材，还可作为学前教育教师、美术教师、美术教育研究人员等相关从业者的参考资料。

◆ 编　　著　王亚杰
　　责任编辑　古显义
　　责任印制　马振武

◆ 人民邮电出版社出版发行　　北京市丰台区成寿寺路 11 号
　　邮编　100164　　电子邮件　315@ptpress.com.cn
　　网址　https://www.ptpress.com.cn
　　涿州市般润文化传播有限公司印刷

◆ 开本：700×1000　1/16
　　印张：9　　　　　　　　　　　　2019 年 1 月第 1 版
　　字数：180 千字　　　　　　　　2024 年 2 月河北第 7 次印刷

定价：39.80 元

读者服务热线：(010)81055256　印装质量热线：(010)81055316
反盗版热线：(010)81055315
广告经营许可证：京东市监广登字 20170147 号

前　言

　　早在19世纪初，西方色彩画家就走出实验室，在大自然中研究真实的光线，如实描绘自然。艺术家们试图与自然和世界交流，不断创新艺术的材料与形式，使艺术作品成为不需要语言文字就能产生巨大影响力和幸福感的表达形式。艺术教育在多元化与个性化发展的时代背景下，也获得了更大的变革空间。除了传授基本技能外，艺术教育还肩负着帮助身为创作者的学生实现自我表达的愿望，鼓励他们通过作品进行观念传递、情感叙述及价值判断的重要责任。

　　因此，引导学生在自然中观察和认知色彩，并借助技术来进行色彩的表现与探索，使学生在掌握色彩技艺后学会运用这种能力，自信而独立地表达生活感受，并能持续地随着生活经验的提升增加艺术理解力与创作技能，这才是艺术教育的重要价值所在。本书从自然与色彩的关系出发，结合当代艺术对材料的探索与思考，引入大量当代院校美术教学改革实践成果下的学生作品，力求在全面介绍色彩规律及材料技法、形式的同时，更为完整地推行当代艺术教育的基本理念。

　　本书内容逐层深入展开，从色彩认知到色彩表现的探索，对色彩表现的各种形式进行了细致讲解，并增加了讨论与实践、知识拓展等环节，以加强学生对知识的理解。在色彩与自然的章节中，从自然现象举例描述光与色的关系，讲解色彩的组织变化规律，并深入阐述色彩与人的感知及情感的关系；在色彩表现的章节中，对色彩的基本形式、理论及概念进行了全面阐释，并从材料、创作构思等方面提供了实证；在色彩探索的章节

前 言

中，对色彩表现的材料工具、色彩创意及产品设计进行了讲解，以增强学生对色彩的实践和操作能力。此外，书中对当代装置艺术的介绍、对装饰材料的列举、对色彩创意实验的大胆设想和对色彩产品的具体应用，都是在当代艺术教育理念下的尝试与成果，这是本书内容的重要特色之一。

本书的受众为学前教育、小学教育、美术师范教育专业的在校教师与学生，同时也能为美术培训机构及美术教育研究者提供可借鉴的资料。色彩授课全程为一学期，约36个学时，教师可针对具体情况进行教学内容的甄选和教学进度的调整。

本书的出版得到了长沙师范学院美术与设计学院全体教师与学生的鼎力支持。学院推行的当代艺术教育理念及对当代艺术背景下的儿童美术教育的思考，是本书所奉行的核心精神。书中的大量图片来自学院学生的课业及笔者所执教的学前教育学院学生的作品。感谢长沙师范学院动画专业的林涛、徐晔两位同学为本书精心绘制的作品示范。感谢为本书提供帮助的所有师范同仁，希望本书的出版能够助力当代艺术教育，引发更多从教者对当代艺术教育的现实思考，也希望学习此书的学生能够在色彩创作的过程中享受到更大的乐趣。

编者
2018年8月

目　录

第一章
色彩与自然

第一节　认识色彩

【教学目标】

　　认识色彩要素

　　认识光色关系

【教学重点】

　　色彩要素

　　光与色的关系

一、色彩的由来

（一）色彩分类

　　色彩是光从物体反射到人的眼睛所引起的一种视觉心理感受。在光线的照射下，不同质感的物体表面会形成不同的色彩现象，构成千变万化的色彩。色彩分类的方法很多，最常用的两种分类方法如下。

1. 有彩色和无彩色

从色彩整体的倾向性分类，可分为有彩色和无彩色。

（1）有彩色：除黑、白、灰以外的所有色彩称为有彩色。

（2）无彩色：白、灰、黑等不带颜色的色彩。

2. 原色、间色与复色

基本色逐渐调和，可产生不同的色彩变化，根据调和的色彩数量，可将色彩分为原色、间色与复色。

（1）原色

色彩中不能再分解的基本色称之为原色，原色可以合成其他的颜色，而其他颜色却不能还原出原色。我们通常说的三原色，即红、黄、蓝。

（2）间色

三原色之间两两调和形成间色。

（3）复色

三种或三种以上的原色或间色相调和形成复色。

（二）色彩与光

生活中色彩随处可见，如朝阳、晚霞、青山、绿水等都有着美丽而丰富的色彩。认识色彩首先是从对身边色彩的欣赏、分析开始的。学习色彩需要感受色彩、理性分析色彩并了解色彩与光的关系。当我们在接受色彩信息时，色彩因光线、环境等的变化而产生不同的反应，形成了固有色、光源色、环境色的不同。

物体表面的色彩有固有色、光源色、环境色三种色彩表现。在研究物体表面的颜色时，必须对环境色、光源色与固有色分别加以研究比较。

1. 固有色

视觉习惯中将自然白光照射下所呈现出来的物体色彩称为固有色，即物体本身所呈现的固有的色彩。

在自然白光照射下，水果呈现出其固有的颜色

2. 光源色

由各种光源（白炽灯光、彩色灯光、蓝天的昼光、傍晚的暮光等）形成的色光照在物体表面所呈现的颜色。

蓝天的昼光

傍晚的暮光

灯光

1 1和2相比
1 色调相对冷些
2

自然白光下的静物   暖光灯下的静物

3. 环境色

环境色指在各类光源（如日光、月光、灯光等）的照射下，环境在物体表面所呈现的颜色。环境色一般体现为周围环境色彩的反射光在物体表面所呈现的对色彩的影响。

白色衬布对黑色罐体的环境反射，形成白色反光

环境色

在不同的光源色、环境色下，物体色彩有所不同。物体的光源色能够作用于物体表面的固有色并产生相应的色彩变化。

（三）黑色与白色的趣味

黑色与白色在色彩明度上对比最强，黑白两色搭配能体现出单纯、明快、朴素的特点，同时黑白灰色在素描表现中能呈现出千变万化的过渡层次，极大丰富了黑白色的视觉语言与表现效果。黑白灰色剥离了纷繁的色彩表象，体现出物象的明暗层次、形体结构、空间体积，突出虚实关系，使人产生立体感受。摄影的黑白照片、夜幕实景等均呈现出无彩色系组合的变化趣味。

夜幕实景

黑白摄影作品

黑白摄影作品（续）

　　观察上图的黑白摄影作品，我们不难发现，黑白色表现的基本要素是点、线、面。点的单方向排列产生线，多方位排列产生面，点排列的密度越大，越容易呈现出比疏散点排列更暗的调子来。点排列的疏密会呈现出局部深浅的变化，产生黑白灰的明暗层次；线的平行与交错排列可以产生面的形状变化，线条排列的疏密决定面的深浅层次；黑色块面给人以简洁、冷静、刚毅的感觉，具有扩张感和厚重感，能够给人带来强烈的视觉冲击力。毕加索油画《格尔尼卡》即是除黑白灰以外，不含任何有彩色的作品。

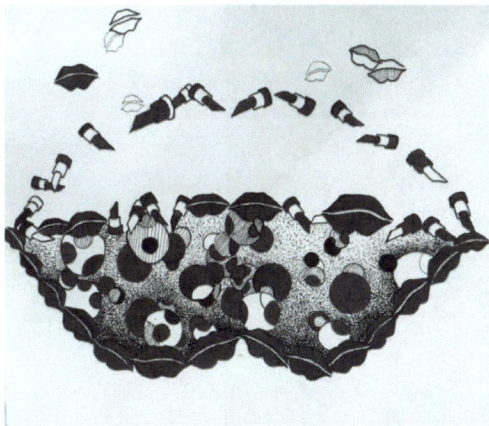

点组成的作品

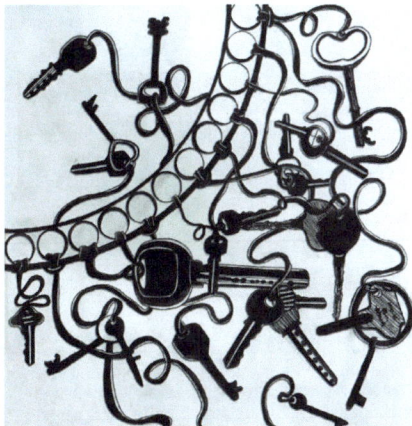

线组成的作品

色彩

（全彩微课版）

点、线、面组成的作品

《格尔尼卡》及其局部（毕加索）

二、色彩要素

色彩要素是指每一种色彩都同时具有三种基本属性，即色相、纯度和明度，纯度和明度统称为色度。

（一）色相

色相指各色彩的相貌称谓，是色彩最显著的特征，是不同波长的色彩被感觉的结果。光谱上的红、橙、黄、绿、青、蓝、紫就是七种不同的基本色相。

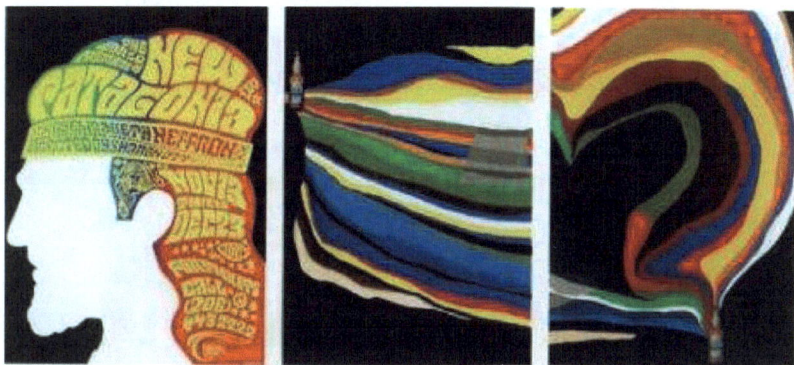

不同色相可以组成丰富的画面

（二）色度

色度表示色彩的纯度和明度。

纯度是指色彩的鲜艳程度，是深色、浅色等色彩鲜艳度的判断标准。纯度最高的色彩就是原色（红、黄、蓝）。随着纯度的降低，色彩就会变暗、变淡。纯度降到最低就会失去色彩，变为无彩色，即黑色、白色和灰色。

《红黄蓝构成》（蒙德里安）

根据蒙德里安作品设计的生活物品

明度是指眼睛对光源和物体表面的明暗程度的感觉，是主要由光线强弱决定的一种视觉经验。物体表面颜色有深浅、明暗的变化，如深黄、中黄、淡黄、柠檬黄等黄色在明度上就不一样，紫红、深红、玫瑰红、大红、朱红、橙红等红色在明度上也不尽相同。颜色在明暗、深浅上的不同变化，构成了色彩的又一重要特征——明度变化。

不同明度色彩组合的画面

★★小实验

★用三个透明玻璃杯盛装红、黄、蓝三色的液体，分别进行两种或三种以上色彩混合，观察液体色相、明度、纯度的变化，并进行观察记录。

三、色彩的实践

对于色彩的认知并非在实验室完成，而应该在自然界和生活中产生。借助自然色彩，理解色彩之间的关系和色彩的分类，这是深入研究色彩的重要途径。

（一）同类色认知实践

同类色指在色相上相同，但色度有所不同的颜色。同类色是所有具有共性的色彩的统称，如红色类包括朱红、大红、深红等，称为红的同类色；绿色类包括浅绿、草绿、深绿等，称为绿的同类色。处于同一类别的色彩相互易协调，但缺乏变化和对比。同类色搭配使色彩在统一中变化，层次丰富、画面协调，给人以单纯、柔和的感受，产生的画面整体感强、协调统一。

（二）邻近色认知实践

所谓邻近色，就是在色环中相距 90 度范围之内的色彩。邻近色之间往往是"你中有我，我中有你"。例如，橙红与橙黄，橙红以红为主，有少量黄色；橙黄以黄为主，有少许红色。虽然邻近色在色相上有很大差别，但在视觉上却比较接近。邻近色虽然不属于同一类别，但色彩间有相互包含和共属的成分，在色彩表现上既可以体现出对比变化，又和谐、统一。邻近色在生活中的例子有很多。

在夕阳的暖色光映照下，云霞产生了千变万化的同类色，画面统一、协调

同类色

橙红色的天空

橙红与紫红互为邻近色

紫红色的水面

邻近色

讨论与实践

在阳光下，马赛克组成的玻璃装饰画呈现出绚烂的色彩，请用不规则的小格分割画面，再进行色彩填涂设计。

马赛克组成的玻璃装饰画

第二节　色彩组织关系

【教学目标】

掌握色彩对比原理

理解色彩的协调、混合规律

【教学重点】

色彩对比、协调和混合关系

色彩关系表现的实践

一、色彩的平衡

当若干色彩组合成一幅画面时，不同的色块间会互相影响，它们以彼此互补或协调的方式共同作用于画面，形成稳定而和谐的整体。这种色彩间保持统一、和谐的形式，即是色彩的平衡。色彩平衡包括色彩的对称和色彩的均衡。

（一）色彩的对称

自然界中有很多对称形态，如人体的左右结构对称等。对称中等形、等量或等色易使观赏者产生平稳、安定的感受，如同天平的平衡关系。自然界事物的色彩与形状间有着天然的平衡关系，如蝴蝶翅膀外形和翅纹色彩的平衡；孔雀开屏时尾部装饰形与色的平衡；物象与水面倒影的平衡等。平衡使自然界事物和谐、丰富、绚烂夺目。然而，世界上是没有绝对的对称的，就像无法找到两片完全相同的叶子一样，人们在欣赏对称的平衡状态时，在视觉上也有着对变化形态的自然需求，追求统一中的变化和庄重中的活泼。

大自然色彩的平衡

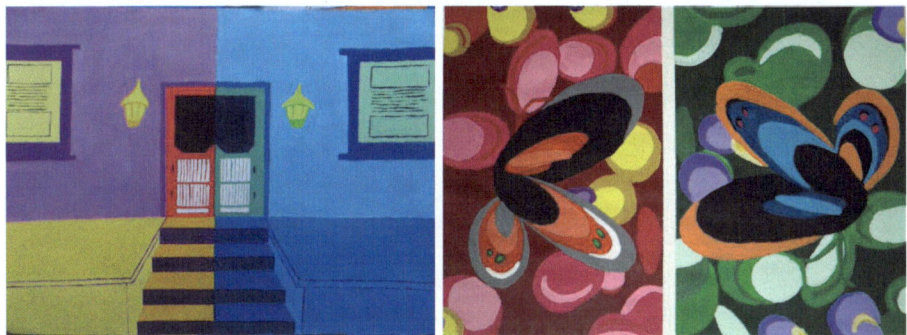

色彩作品中形与色的平衡

（二）色彩的均衡

即使是在不对称的情况下，大自然也能在呈现出不等形、不等量、不等色时依然稳定的关系，这即是均衡。均衡在视觉感受上舒展、自由，色彩与形式分布更加富于变化。

晚霞水天一色，尽管色彩不对称，但有着均衡的统一

色彩的均衡

二、色彩的对比

　　在一定条件下，人们对不同色彩会产生不同的感受。色彩之间的差异造成的相互作用的关系称为色彩的对比。色彩的对比在作品中很容易表现出来，如画面上所呈现的色彩的面积、形状、色相、纯度、明度等差异，这种差异会为色彩观察者带来强烈的视觉冲击力。当色彩对比关系过于强烈时，反差过大的色彩组合较易产生不协调感；与此相反，反差过小的色彩组合易因缺乏对比形成沉闷的色彩气氛。好的色彩作品需要在较为适当的强弱对比中，使作品形成协调、变化、对比丰富的视觉效果。

（一）明度对比

1. 作品中的明度对比

　　明度对比是色彩明暗程度的对比。明度对比产生色彩明亮或暗淡的差异，这种差异可以强化色彩的层次与空间关系。在一幅色彩作品中，色彩明度对比运用是否得当，直接影响作品的视觉效果。在图案或装饰画面中，如果色彩只有色相的对比而无明度对比，则画面形象的轮廓形状难以辨认；而只有纯度的对比而无明度的对比，画面形象的轮廓形状将更难辨认。色彩明度对比的力量要比纯度及色相大得多，可见色彩的明度对比是十分重要的。

2. 提高和降低明度的方法

　　使色彩的明度产生变化的方法有许多，一是在间色中加入明度高的原色，能提高间色的明度，如在橙红色中加入黄色成为橙黄色，在草绿色中加入黄色，成为浅草绿色；二是在某种颜色中加入白色，明度就会逐渐提高，加入黑色，明度就会变暗；三是相同的颜色，因光线照射的强弱不同也会产生不同的明度变化。

两幅作品色块明度缺乏对比，因此，需要用黑线勾边的方法加强形体轮廓

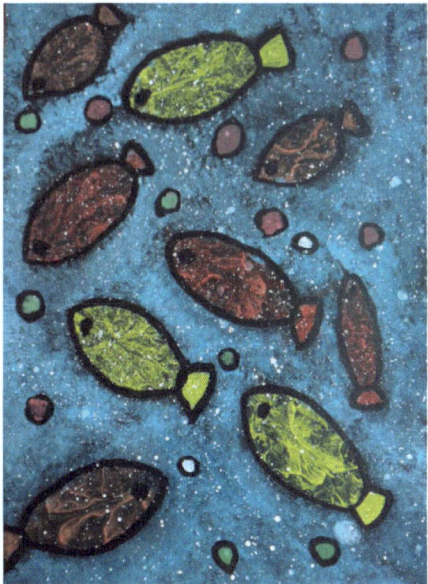

两幅作品色块明度对比鲜明，色彩层次丰富，形体轮廓清晰

（二）纯度对比

不同色相的色彩不仅明度不同，纯度也不相同。有了纯度的变化，才使世界上有如此丰富的色彩。同一色相的色彩若纯度发生了细微变化，产生的视觉感受也会大不相同。

色彩中纯度弱对比的画面视觉效果比较弱，形象的清晰度较低，适合长时间及近距离观看，这种对比往往产生色彩和谐的视觉观感，画面效果含蓄、丰富，主次分明。而纯度强对比会出现"鲜的更鲜、浊的更浊"的现象，画面对比明朗、富有生气，色彩认知度也较高。

两幅作品中均有纯度对比，高纯度的色彩用于画面主体及主要装饰，能够突出画面的视觉中心

（三）对比色

1. 对比色的特征

当三原色两两调和时（如红黄调至橙、红蓝调至紫、黄蓝调至绿），未参与调和的颜色与另两色调和的结果形成对比色，即红绿对比、黄紫对比、蓝橙对比。在色环中，这三组对比色距离最远、反差最大，也最容易在画面中产生冲击与不协调感。生活中，人们也经常利用对比色的色彩搭配，产生鲜明、独具个性的色彩效果。在表现色彩作品时，只要合理使用对比色，加强对比色之间的缓冲与协调感，也会形成丰富、鲜明、和谐、节奏感强的视觉画面。

色环

2. 如何运用对比色

在使用对比色搭配时，强烈的对比效果易产生画面的不协调感，因视觉冲击力过于强烈，画面的整体性易遭到破坏。那么，对比色节奏感强、画面响亮的特点怎样在作品

中大胆体现呢？此时往往需要在对比色运用时适当加入其他色彩进行缓冲，其方法如下。

（1）面积对比

加大使用对比色的面积的大小对比，形成主体色和补充色的关系，将极大缓冲对比色的不协调感。

（2）色度对比

改善对比色块的明度或纯度对比，如运用深红色配草绿，或普蓝色配橙黄等，减弱对比色的视觉冲击力。

（3）加入缓冲色

加入黑、白、金、银等色块（或勾线），形成色彩缓冲带，减弱色彩对比。

作品红绿对比中，加入了黑、白缓冲

作品在红绿对比中，加入黑、白、金、银等色彩缓冲，使画面协调

（四）形态对比

除色彩对比外，自然界中还有许多其他形式的对比存在，如红花与绿叶、海水与浪花、沙漠与绿洲等，这些对比中有的在面积上有大小之分，有的在形状上有曲折之别，有的在肌理上产生强弱变化。这种除了色相之外，在肌理、形状、面积、动态上产生的对比称为形态对比。

1. 肌理对比

肌理对比是对不同自然物表面形态进行的对比。肌理有砂砾肌理、树皮肌理、叶片肌理、棉花肌理等。在进行色彩表现时，可利用人们对自然肌理形成的触觉经验，运用丰富的色彩材料进行画面肌理表现，在视觉上形成丰富的色彩质感。

2. 形状对比

形状对比是运用形状差异进行对比变化的方法。形状差异会影响色块对比的强弱，形状越完整、统一，外形轮廓越简单，对比效果就会越强；形状越分散，外形轮廓越复杂，对比效果则会越弱。

树皮、海浪、鹅卵石都呈现出不同的肌理

不同形状的色彩形成对比，简略的色块将使对比更加强烈

3. 面积对比

面积对比是运用面积的不同进行对比变化的方法，画面中面积大的形状显得色彩鲜明，而面积小的形状显得色彩含蓄、温和。当相同形状面积相同时，不同色彩的对比效果强烈，画面呈现出抗衡调和；而当不同形状面积大小悬殊时，不同的色彩则产生烘托、强调效果，也称优势调和。

相同形状面积的色彩对比

不同形状面积的色彩对比

4. 动态对比

　　色彩因形状和绘制路径不同，会令人产生静止或动态的不同感观。纸面上疾速泼洒的色彩，将与涂绘的色块产生相对的动静对比；空间中多色电筒的交错缭绕，将远比静止的光源更具动感。这种色彩现象中的快与慢、疾与缓的对比关系被称为动态对比。

泼洒的色彩动态

光线缭绕的色彩动态

三、色彩的协调

　　色彩的协调是在色彩搭配和组织画面时产生出的适合、统一的相互关系。色彩整体感与协调性是色彩协调的两个重要因素。

（一）色彩的整体感

　　色彩的整体感即将不同颜色经过合理的搭配统一在画面中，形成和谐的整体。在色彩组合中，不同质感、形状、面积的色彩搭配将产生不同的对比变化。设计色彩时，明确主色调、兼顾全局色彩关系、合理安排色彩位置更能使画面在对比中富于整体感。

（二）色彩的协调性

　　画面中无论形状、肌理或色彩如何变化，居于画面中大色块的色彩，直接影响着作品的主色调，支配着作品的整体视觉效果，而从属的其他色彩，将为主体的色彩倾向服务，以产生画面所必要的协调关系。画面色块破除平均分配而加强大小对比、肌理对比，并非要突出矛盾与对立，而是要增强色彩主体与从属的关系，形成既有对比又丰富、和谐的色彩搭配效果，使色彩具有协调性。

四、色彩的混合

将两种或多种色彩互相叠加，造成与原有色不同的新色彩称为色彩的混合。色彩的混合分为加色法混合、减色法混合和空间混合三种形式。

（一）加色法混合

加色法混合即色光混合，由色光的叠加产生。当不同的色光同时照射在一起时，能产生另外一种新的色光。加色法混合效果是由人的视觉器官来完成的，因此它是一种视觉混合。加色法混合的结果是色相的改变、明度的提高、而纯度并不下降。加色法混合被广泛应用于舞台灯光照明及影视、计算机设计等领域。

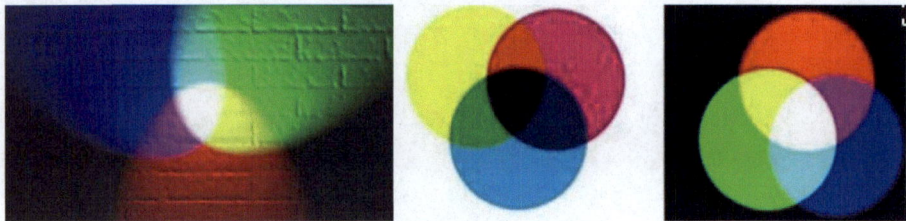

加色法混合

（二）减色法混合

减色法混合即色料混合，通常作画时调取颜色就是运用的减色法混合。在光源不变的情况下，两种或多种色料混合后会产生新色料，混合的颜色种类越多，色彩纯度就越低，呈现的色彩就越暗越浊，最后呈现出一种近似于黑灰色的状态（如在完成色彩作品时，所有颜色的洗笔水混合，所呈现出的即是这种黑灰色）。人们平时在绘画、设计、染色、粉刷中的色彩调和都属减色法应用。

（三）空间混合

将两种或多种颜色穿插在一起，在一定的视觉空间下，能造成空间的混合效果。空间混合发源于法国新印象主义修拉等人的点彩实验，画家们将高纯度和未经调和的色点并置在画面中，他们发现观赏者的眼睛能自发调和这些视觉色彩，形成色彩的空间混合效果。这种调和不是在调色盘中完成的，而是通过肉眼在空间完成的，称为空间混合。

色彩空间混合作品

讨论与实践

1. 在阳光下，梯田产生丰富的形状组合和线条变化，请观察梯田并设计色彩。

梯田的作品示范

2. 京剧脸谱有着丰富的对称变化，请收集脸谱图案，并归纳色彩与京剧人物之间的关系，完成脸谱设计作品。

京剧脸谱作品示范

京剧脸谱作品示范（续）

知识拓展

米罗

　　米罗的超现实主义绘画具有鲜明的个人风格——简略的形状、强调笔触的点法、精心安排的背景环境。奇思遐想给人带来幽默趣味和清新感觉。米罗作画时总是漫不经心地用笔在画布上自由弯曲、伸展、游动，丝毫不考虑形状之间的相互关系以及空间深度的要求。血红色或钴蓝色的各式形状，散布在背景上；大小相间的黑点、黑团、黑块，像爆炸四溅的宇宙流星。这些貌似漫不经心乱涂出来的稚拙形状，构成了一个个反复无常的滑稽世界，一个个多姿多彩的梦幻世界。

《哈里昆的狂欢》

《构图》

《猫的舞蹈课》

《静物和旧鞋》

《加泰隆风景》

第三节　色彩的感知

【教学目标】

　掌握色彩知觉与情感

　正确认知和感受色彩

【教学重点】

　色彩的冷暖关系

　色彩的情感表达

一、色彩的知觉与情感

在欣赏画面时，欣赏者的情绪会随着笔触的变化而激荡，同时也会随着色彩的绚丽表现而被激发出丰富的视觉想象与内心感受。应该说，色彩更为重要的作用是使作品传达出知觉与情感，而正是这种知觉与情感，为作品注入了新的活力。

（一）色彩的冷暖

色彩的冷暖是一种视觉感受，色彩本身并没有冷暖温度变化，但通过人们的视觉会产生心理联想。在生活中，火红的太阳和篝火会让人们感到温暖，蓝色的大海和天空会给人以冰凉感受，嫩绿的叶芽和树林有着蓬勃的生机，等等。这些温暖、冰凉等的感受，是自然物及色彩共同作用形成的。若色块与自然物相剥离，当人们站在色块面前看到红、蓝等色后，同样会产生相应的自然物联想，并生发出相应的冷暖感受。因此，各类物体借助五彩缤纷的色彩给人一定的温度感觉。红、橙、黄等颜色使人想到阳光、烈火，故称"暖色"；绿、青、蓝等颜色与黑夜、寒冷相联，称"冷色"。

色系一般分为暖色系、冷色系、中性色系三类。红色给人积极、跳跃、温暖的感觉，属暖色系。蓝色给人沉静、安详的感觉，属冷色系。绿与紫属中性色系，刺激程度小，效果介于红与蓝之间。中性色彩使人产生轻松的情绪，可以避免产生疲劳感。人对色彩的冷暖感觉基本取决于色调。色彩的冷暖效果还需要考虑其他因素。例如，暖色系色彩的饱和度越高，其温暖的特性越明显；而冷色系色彩的亮度越高，其沉静的特性越明显。

秋天的红叶给人温暖的感觉

绿叶带来清凉和生机之感

枯叶与蓝天映衬，呈现出一种静谧与冷清的意境

蓝与黑色，给人以神秘与沉重的感受

（二）色彩的轻重

　　色彩是没有重量的，但在人们的视觉心理中，色彩的明度变化会给人以不同的轻重感受。在相同重量、大小和形状的物体上涂以不同颜色，明度高的物体会较明度低的物体显得轻盈。例如，两个体积、重量相等的皮箱分别涂以不同的颜色，结果发现，浅色有一种向外扩散的运动现象，给人质量轻的感觉；深色给人一种内聚感，从而产生份量重的感觉。人们从色彩中感受到的重量感，是质感与色感的复合感觉。

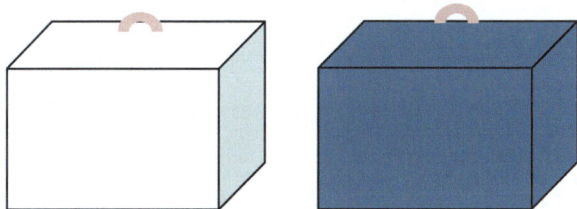

相同形状、重量的箱子，白色比深色显得轻

（三）色彩的膨胀与收缩

比较两个颜色相反（如一黑一白两色），而面积相等的正方形可以发现有趣的现象，即大小相等的正方形，由于各自的表面色彩相异，会给人以不同的面积感觉。白色正方形似乎较黑色正方形的面积大。这种因心理因素导致的视觉中物体面积大于实际面积的现象称为"色彩的膨胀性"，反之称"色彩的收缩性"。给人膨胀或收缩感觉的色彩分别称"膨胀色""收缩色"。色彩的胀缩与色调密切相关，暖色属膨胀色，冷色属收缩色。在明度上，高明度的色块有膨胀感，而低明度的色块有收缩感。

暖色方块组合有膨胀感，冷色方块组合有收缩感

（四）色彩的前进性与后退性

等距离地看两种颜色，会给人不同的远近感，如在黑色背景上，等面积的黄色块与蓝色块并置，欣赏者会感到黄色块距离近，而蓝色块距离远。

黄色给人以前进感，蓝色给人以后退感

在自然界中，因接受天光（蓝色光）照射，远处景物会呈现出蓝紫色的倾向，而近处景物则相对较暖。暖色比冷色更富有前进的特性。较底色突出的前进性的色彩称"进色"；较底色暗淡的后退性的色彩称"退色"。一般而言，亮度偏高的色彩呈前进性，饱和度偏高的色彩也呈前进性。但是色彩的前进与后退不能一概而论，色彩的前进、后退与背景色密切相关。

自然界中远景的冷色有后退感，近景的暖色有前进感

（五）色彩的情感

不同的色彩信息作用于人的视觉器官，并通过视觉神经传入大脑后，经过思维，与以往的记忆与经验产生联想，从而形成一系列的色彩心理反应。

当人们见到红色、橙色、黄色等色彩后，将联想到太阳、火焰、热血等事物形象，由此产生温暖、炽烈的感受，使人产生冲动的情绪。相反，当人们看到湖蓝、钴蓝、群青等色彩后，将联想到湖水、天空、冰雪等事物形象，由此产生冰凉、安静、理智的感受。这种色彩带来的冷暖感受作用于人的感官（触觉及视觉），产生出人的情感性体验，被称为色彩的情感。

在色彩情感中，暖色给人以热烈、激情、活泼、开放的体验，冷色给人以安静、理性、神秘、遥远的感觉。高明度的色彩让人们有着高、远、轻飘、女性化的感受，而低明度的色彩让人们拥有冷静、沉重、男性化的等感受。

色彩也可以产生软硬感。色彩明度越高越显得柔软，如白色让人联想起羽毛、棉花等柔软的事物，而中度色使人联想起骆驼、狐狸等动物的皮毛，也会使人产生柔软的感觉。较高或较低纯度的色彩硬质感会更加明显。

二、色调

色调是由一组颜色共同产生的整体性倾向。无论色彩之间是否交叉，当它们组合起来相互作用时，会产生一种明确性的指向，传达出整体画面的视觉信息，形成鲜明的作品色彩基调。

（一）色调

若在一张作品中以某种冷暖偏向为主，或画面大部分由同一类色彩组成，这类色会影响整体画面的呈现效果，并引领欣赏者情感，就形成了画面关于此类色的整体基调。如表现海洋时，蓝色为画面主体色，有偏冷倾向，此作品的色调即为蓝色的冷调子；表现枫树林时，画面中大部分分布着红的同类色（橙黄、橙红、大红、深红等），此作品的色调为红色的暖调子。色调使画面协调、统一，色调所营造的情境能够增强画面的意蕴，引导欣赏者对画面主题的快速判断和审美捕捉。

（二）色调表现

色调能够烘托色彩气氛，传达画面意境，体现色彩情感。从面积上看，主色调的色彩是面积最大、最足以控制全局倾向的色彩。色彩设计要围绕主色调进行色彩统一和对比的变化练习。

色调表现的方法需要通过对大自然进行采集和学习。因为大自然的色彩受到地理、光线、季节等诸多差异性因素的影响，保持着天然、和谐、统一的关系，这种大自然统一的调性具有无与伦比的调和品质。在形象和色彩表现上即可依据大自然呈献的某种色调倾向的变化进行归纳。

讨论与实践

1. 观察四季的变化，选择四季中最有特征的形象符号及色彩符号进行色调练习。

上图的四个色彩图标即是对四季进行的色彩符号归纳

2. 观察一片树林，用归纳法表现色块的层次并形成主色调关系。

根据秋季树林完成色调练习

根据春季树林完成色调练习

知识拓展

毕加索

毕加索，西班牙画家、雕塑家，西方现代艺术的创始人，西方现代派绘画的主要代表人物。毕加索一生画风多变，19岁的毕加索来到巴黎，由于贫穷生活在社会底层，这时他画了一些以穷愁潦倒的友人为题材的油画，画面充满着一层阴冷的蓝色调，这便是他的"蓝色时期"。1904年4月，他定居巴黎贫民区，过着自由浪漫的生活，这时画了许多以流浪艺人生活为题材的画，色调出现温暖的粉红色，这就是他的"粉红色时期"。而后，由于受到塞尚艺术的影响，他在塞尚的基础上对绘画结构进行探讨研究，作品显示出几何化倾向，开始将形象分解成各个平面，并重新予以组合，他于1907年创造出划时代的作品《阿维尼翁少女》，从此他进入"分析立体主义"研究和创作时期。不久，他又采用拼贴技巧创作，这标志着他的"分析立体主义"的结束，逐渐走向"综合立体主义"。

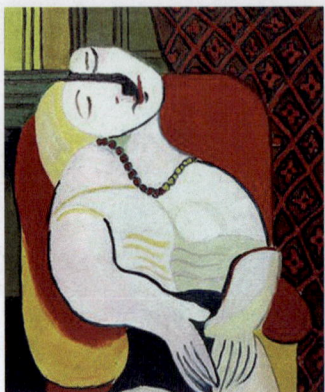

《梦》

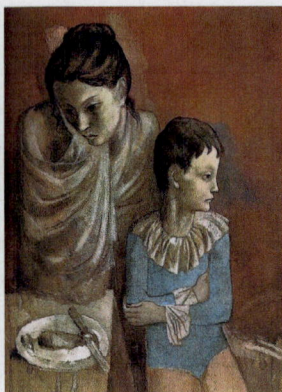

"粉红色时期"的

《母亲和孩子》

"立体主义时期"的

《雕塑家》

《格尔尼卡》

第二章
色彩表现

第一节　色彩造型

【教学目标】

理解色彩造型规律

【教学重点】

色彩造型的方法

色彩造型的空间表现

一、色彩造型

色彩造型即是运用色彩三要素——色相、明度、纯度，将物体色彩的光源色、固有色、环境色等准确画出，传达较强实体和空间感的色彩表现方法。色彩造型体现在对自然与光的深入理解和色彩认知上，除真实再现物体外，还融入了表现者更多的情感与创造力。色彩造型需要通过造型采集、造型准备、造型变化、主题方案等步骤完成。

（一）造型采集

此阶段通过对自然界的观察和研究提高造型表现的技巧，内容包括素材的选择、标本的收集、拍摄、色彩归纳和分析理解等步骤。色彩的采集范围很广泛，一方面是从变化万千的自然物象和生活当中提炼；另一方面可借鉴古老的民族文化遗产，从一些原始的、古典的、民族的艺术中寻求灵感。

（二）造型准备

此阶段主要通过对基础材料进行写生和速写练习，完成造型前的形象素材准备。在观察物象的结构及造型特征，积累素材后，通过大量的速写训练提高认知经验和技法能力，为色彩的造型变化储备资源。

（三）造型变化

人物、动物等形象的造型设计应掌握他们的骨骼及肌肉结构，植物形象的造型设计应注意表现植物层次及体积形成的特定结构关系，观察植物在季节和环境的影响下展现出的不同美感，并进行分析。在造型变化中应懂得提炼所搜集的材料，将关键的特征提取出来，并可对表现对象进行适当的取舍和夸张。在前期准备的基础上，对现实形体和材料、色彩进行主观的干预、推导及再创造，形成既起源于现实自然，又具有风格性变体、特定观念及意义表达的创意色彩画面。

（四）主题方案

围绕色彩造型的主题方案进行探讨，基于前期造型变化的经验进行服装手绘、壁画手绘、产品手绘或环境装饰等色彩实践，提高色彩组织能力。

色彩造型作品示范1：

造型采集

造型准备

造型变化

造型采集

造型准备

造型变化

造型采集

造型准备

造型变化

色彩造型作品示范 2：

以花卉背景墙为主题方案的设计

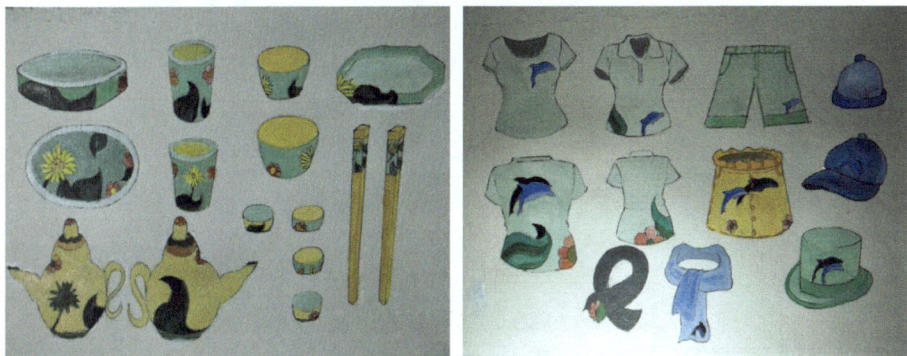

以产品手绘为主题方案的设计

二、色彩造型手法

色彩表现时需要对形象进行构造，形成相应的造型风格和形象特点。色彩造型手法多种多样，最常见的方法分为写实、抽象和表现三类。

（一）写实

写实的色彩造型方法是指色彩形象接近自然，能够比较客观、真实地表现原型。写实注重对色彩的明暗体积关系的表现，注重运用科学的观察方法进行准确的形体结构分析。写实手法并非完全排斥夸张、变形、添加等装饰语言，而应充分根据物象的特征进行大胆、丰富的想象。

写实色彩表现的建筑作品

（二）抽象

抽象是通过分析与综合，运用概念化思维在人脑中再现对象的质的方法。抽象一般是通过点、线、面，运用几何图形（如圆形、三角形或方形等），以高低、疏密、大小、强弱、方向等形式变化进行排列，体现具有节奏和韵律感的图形的方法。

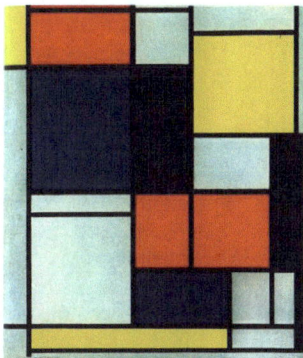

抽象作品（蒙德里安）

抽象作品（康定斯基）

抽象色彩造型示范1：

造型采集

抽象变化

着色

整理完成

抽象色彩造型示范 2：

造型采集

抽象变化

着色

整理完成

（三）表现

20 世纪初期，在绘画领域中，表现的色彩造型手法流行于北欧诸国的艺术思潮中，其特点主要是在作品中强调表现艺术家的主观感情和自我感受，对客观形态进行一定的夸张、变形乃至怪诞处理。表现也称为意象、情绪、观念表述。

蒙克作品

表现色彩造型示范：

造型采集

构图

表现与变化

整理完成

讨论与实践

　　写实、抽象和表现都需要对自然的观察和对色彩的感受。以《五彩热带鱼》为例，思考并实践色彩造型表现的方法。

《五彩热带鱼》的造型表现示范

《五彩热带鱼》的造型表现示范（续）

知识拓展

抽象主义与表现主义

抽象主义：抽象主义是第一个由美国兴起的艺术运动，也是"二战"之后西方艺术的第一个重要的运动，它是在 1946 年由艺术评论家罗伯特·寇特兹（Robert Coates）所提出的。"抽象主义"这个词用以定义一群艺术家所做的大胆挥洒的抽象画。他们的作品或热情奔放，或安宁静谧，以抽象的形式表达和激起人的情感。几何抽象以塞尚理论为出发点，经立体主义、构成主义、新造型主义等发展起来，其特色为带有几何学的倾向，也被形象地称为冷抽象（以蒙德里安为代表）；抒情抽象以高更的艺术理念为出发点，经野兽派、表现主义发展出来，其特色为带有浪漫的倾向（以康定斯基为代表），也被形象地称为热抽象。

表现主义：表现主义是指艺术中强调表现艺术家的主观感情和自我感受，而导致对客观形态进行夸张、变形乃至怪诞处理的一种思潮，它是 20 世纪初期，在绘画领域中特别流行于北欧诸国的艺术潮流，是社会文化危机和精神混乱的反映，艺术家们反对机械的模仿客观现实，主张表现"精神的美"和"传达内在的信息"，强调艺术语言的表现力和形式的重要性。表现主义的代表人物为爱德华·蒙克。

《开花的树》（蒙德里安）

《梭罗友书会之绘画篇》（康定斯基）

《生命之舞》（爱德华·蒙克）

《卡尔约翰街的夜晚》（爱德华·蒙克）

第二节 色彩构成

【教学目标】

　　理解色彩构成形式

　　把握色彩构成规律

【教学重点】

　　色彩构成表现

一、色彩构成

　　在画面中处理复杂的形象时，并不是完全从其真实状态出发，而是通过对规律与秩序的观察，形成用色彩组合关系理解的作品形象，即色彩领域常提到的色彩构成。下面将围绕色彩构成原理和色彩构成实践来讲解色彩构成。

（一）色彩构成原理

色彩构成是从人对色彩的知觉和心理效果出发，用科学的分析方法，把复杂的色彩现象还原为基本要素，利用色彩在平面及空间的特性，按照一定的规律组合各基本要素间的相互关系，再创造出新的色彩效果的过程。

色彩构成是艺术设计的基础理论之一，它与平面构成及立体构成有着不可分割的关系，色彩构成不能脱离形体、空间、位置、面积、肌理等而独立存在。

蒙德里安的《静物2号》以直线划分静物块面，完成构成分割

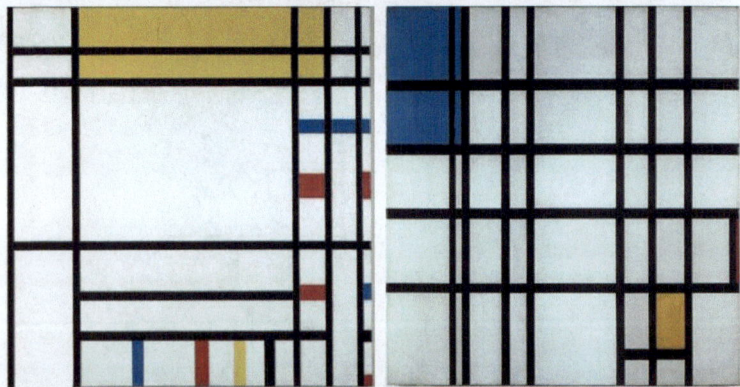

蒙德里安的《红黄蓝构成》以直线和三原色完成色彩构成分割

康定斯基的《黄·红·蓝》和《几个圆圈》
运用抽象几何形分割画面，运用色彩对比构成色块

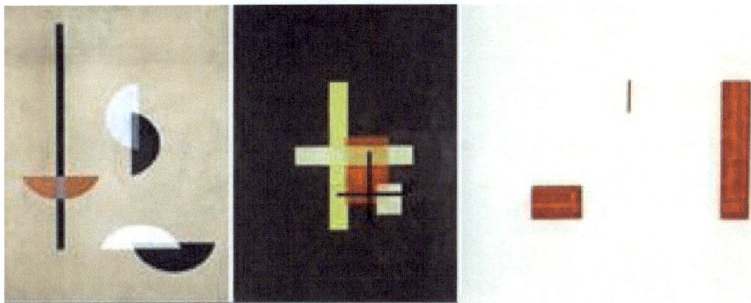

拉兹洛·莫霍利·纳吉的几幅作品

抽象几何形色块重叠，在视觉上形成透视空间的大小对比，构成整体的统一

（二）色彩构成实践

色彩构成是色彩设计的重要内容，通过学习画面的构成分割，能够更为深入地理解色彩间的相互关系。色彩构成实践有助于练习者运用色彩要素、色彩组织关系的知识，在色彩的设计表现中传达内心感受，并熟悉色彩语言。

色彩构成示范：

起稿

由深到浅层层平涂

深入塑造

整理完成

二、色彩空间混合

色彩空间混合是在空间中，而并非在调色盘上，将各种色彩进行调和表现的方法。画面依靠观赏者的眼睛进行色彩的视觉调和，从而产生出画面整体的色彩混合形式。

（一）色彩空间混合表现

用不同的纯色并置、重叠于画面中，在视觉上会产生色彩的混合效果，称为色彩空间混合表现。色彩空间混合表现中，在色彩笔触混合时会形成色彩明度、纯度及色相变化，产生色块间强度对比、空间对比及画面形象关系。

（二）色彩空间混合实践

在做色彩空间混合练习时，可尝试将画面分割成若干色块，以平涂或点出笔触的方式并置颜色，这些色点通过一定的空间距离，在人的视觉内能达成混合，产生画面的整体关系。空间混合的色块单纯、鲜明、强烈，相对独立又形成视觉整体，除手绘表现外，运用马赛克贴片或拼图的形式也同样可以完成色彩空间混合的画面效果。

色彩混合作品示范 1：《笔触点彩》

点彩法表现近景　　　　　点彩法表现云块　　　　　点彩法表现天空

色彩混合作品示范 2:《平涂马赛克 1》

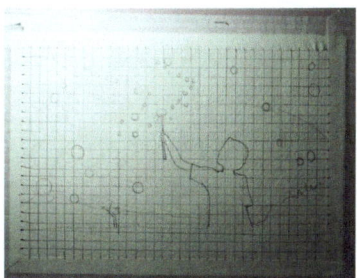

将画面进行马赛克分割

在小格子内填涂暗部色

天空填涂灰调子和亮调子色

完成画面

色彩混合作品示范 3:《平涂马赛克 2》

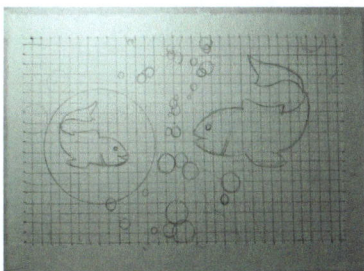

将画面进行马赛克分割

在小格子内填涂暗部色

在海洋填涂灰调子和亮调子色

完成小鱼色彩

知识拓展

点彩派

19世纪80年代后期，一群受到印象主义强烈影响的画家掀起了一场技法革新。他们不用轮廓线划分形象，而用点状的小笔触，通过合乎科学的光色规律的并置，让无数小色点在观者视觉中混合，用色点组成形象，被一些艺术评论家称作"点彩派"。修拉和西涅克是点彩派的代表人物，他们尝试用原色色点配置，使画面产生视觉混合的色彩效果，运用这种准确分布的各种色点来组成画面艺术形象。

《大碗岛星期日下午》（修拉）　　　　《马赛港的入口》（西涅克）

讨论与实践

观察身边熟悉的风景，记录朝霞、夜幕或正午的色彩，分析景物形象并设计造型，运用色彩空间混合的方法，以拼图或不规则贴片的形式进行画面分割，表现景物。

真实的郁金香　　　　　　　　色彩空间混合的郁金香

三、色彩推移

自然中的色彩现象大多有一定内在规律。在光线的明暗照射下，色彩会产生一种相互联系而又有所变化的组合方式，形成由此及彼的色彩转变，即色彩的推移。

（一）色彩推移的概念

色彩推移是色彩按照一定规律有秩序地排列、组合的一种形式。色彩推移具有强烈的明亮感和闪光感，富有浓厚的现代感和装饰性，甚至还有幻觉空间感。

（二）色彩推移的方法

色彩推移是色彩的一种规律变化，从不同规律表现的分类来看，色彩推移可分为色相推移、明度推移、纯度推移、综合推移等。

1. 色相推移

色相推移是按照色相环的顺序，进行冷暖色调变化的一种色彩排列方式。色相推移可使画面丰富多彩、变化有序。

不同色相推移组成的画面，在规律中包含了色彩的变化和对比

2. 明度推移

明度推移是按照色彩明度递推进行渐变排列的一种推移形式。明度推移使色彩转化柔和，具有光的明暗变化。

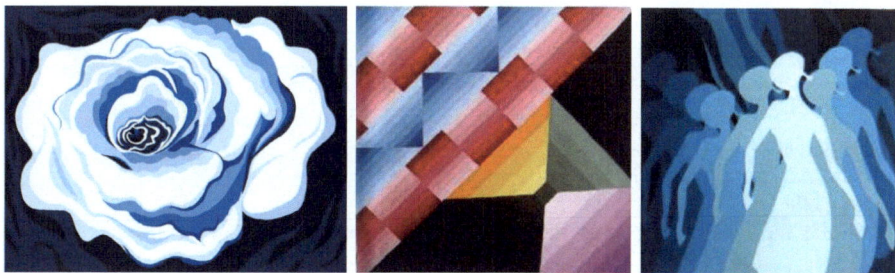

在画面整体或若干部分中，以一种色的明度变化进行规律排列

3. 纯度推移

纯度推移是以同类色或邻近色的排列或相互调和等形式，完成以色彩纯度递进为基本规律的排列组合渐变形式。

画面色彩以纯度的递增或递减为规律排列

4. 综合推移

综合推移是在作品中将色相、明度、纯度的推移进行综合排列，共同表现作品主题的渐变形式。

画面被分割成若干图形，并自由运用色彩推移表现图形中的色彩关系

（三）色彩推移的实践

色彩推移是色彩初学者必须完成的色彩训练形式之一。在这一实践中，学习者除了获得对推移基本规律的深入理解外，更能通过对色彩与光的相互关系的思考与实践，进一步掌握色彩推移的调和与绘制技能。

色彩推移作品示范：

起稿，分割色块

完成水的色彩推移

完成八爪鱼的色彩推移

讨论与实践

　　自然光会产生色彩明度的推移，光源在物体表面带来固有色、环境色的纯度、明度与色相变化。请通过对自然光的分析，记录生活中色彩推移的例子，并整理图片资料，完成一张色彩推移的画面。

蜻蜓图片

蜻蜓与水的色彩推移练习

第三节　色彩插画

【教学目标】

　　理解色彩插画的表现形式

　　能够进行创意插画实践

【教学重点】

　　儿童插画绘制方法

一、认识儿童插画

儿童插画是学前阶段幼儿和学前教育从业人员经常接触到的色彩形式之一，它影响着幼儿一生的成长，为幼儿提供了丰富的视觉资料和审美感受。认识儿童插画，不仅要从其情节内容、色彩表现、材料语言上进行分析，而且需要深入解读幼儿的心理需求，从幼儿的色彩认知、情感诉求、成长特征上进行全方面解读。

（一）儿童插画的定义

儿童插画即指在供零到十二三岁的儿童阅读的书籍、报纸、杂志等中，用来补充说明文字内容，增加文字的视觉感和读物氛围的图画。它通常指儿童读物中的绘画作品，是艺术家专门为儿童创作的、适合儿童欣赏的一种绘画艺术形式。

（二）儿童插画的分类

儿童插画的分类形式多种多样，最为常见的分类方法是从画面语言、表现形式、插画内容上进行划分的。

1. 画面语言

从画面语言上分类，儿童插画由图标、符号、图画等构成。图标是标志和指向性较强的插图形式（如箭头图标、边框图标等）；符号是具有象征性的图像形式，包括物象高度抽象和概括的简略图形，也包括具有创作者风格特征的风格语言；图画是一种形象化的图像形式，图画中所传达的画面信息更为具体。

2. 表现形式

从表现形式上分类，儿童插画可分为手工绘制、摄影图片、计算机合成插画等。手工绘制的插画包括用各种色彩材料（如布、纸、木头、金属、塑料、颜料等）进行手工裁剪、拼贴、黏合、绘画形成的插画作品；摄影图片可通过摄影技术在照片合成后直接为插画提供素材；计算机合成是借助计算机的软件效果为插画提供所需图片的一种插画表现形式。

3. 插画内容

从插画内容上分类，可分为科学类（科普）、艺术类（文学）、益智类插画。不同插画内容应根据读者年龄层次的需求，以及阅读内容的具体要求来设计，同时也要从读者的心理特征、地域环境、文化特色、民风民俗等方面出发进行插画内容的编绘。

（三）儿童读物插图的功能

儿童读物的插图是为方便儿童接受读物内容，专门为读物设计的图片、图标等形象性图画。儿童读物的插图具有吸引注意、传达内容、美育的功能。

1. 吸引儿童的注意力

相较于文字来说，插图更容易使儿童产生浓厚的兴趣，插图的形象和色彩能够起到吸引儿童注意力的作用。这种视觉上的吸引将有助于儿童走进读本，对读本产生好奇心、想象力和期待感。

2. 向儿童传达作者所要表达的内容

插图是文字较好的说明和补充，插图能更为形象地帮助儿童理解文字内容，并形成视觉想象，甚至能够引发其更为丰富的语言联想，促使儿童在阅读时能讲述读本内容背后的故事。

3. 美育的功能

每一个优秀的读本，都是文学和艺术的高度集合体。读本插图能够启发儿童对美的欣赏，并形成包括形象、色彩、造型等在内的多种艺术体验，引导儿童追求美、表现美。

（四）儿童读物插图的发展历史

1658 年，捷克教育家扬·阿姆斯·夸美纽斯所编写的《世界图解》一书出版，是西方教育史上第一本附有插图的儿童百科全书。

夸美纽斯和《世界图解》

1744 年，英国印刷商人约翰·纽伯瑞开办了世界上第一家儿童书店，并针对儿童设计了《美丽小书》，该书内页配有木刻插图，后人将他称为"儿童文学之父"。18 世纪英国艺术家托马斯·布维克对雕版印刷术进行了改进，英国诗人布莱克完成了雕版印刷的彩色儿童读物《纯真之歌》。19 世纪是英国图画书全面繁荣和发展的时期，19 世纪中期，英国爱德华·李尔创作《无聊书》，英国约翰·坦尼尔创作《爱丽丝漫游仙境》; 19 世纪末期，新兴的四色印刷术导致了水彩插图的繁荣，阿特丽克斯·波特创作的《彼得兔的故事》成为现代图画书之始，在当时的英国成为最畅销的图画书，风靡整个欧洲，现代动画影视《彼得兔》中也用到了波特设计的彼得兔形象。

《纯真之歌》

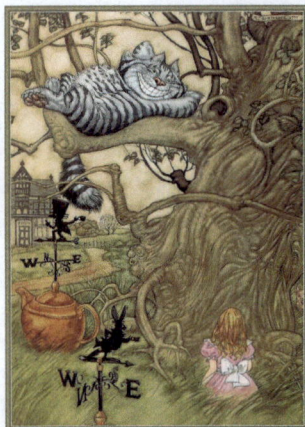

《爱丽丝梦游仙境》

《彼得兔的故事》

在美国，插图画家罗伯·麦克斯基创作了《为小鸭子让路》《美妙时光》《小房子》等脍炙人口的作品，路德维格·比梅尔曼斯创作的《玛德丽娜》，曾被纽约时报书评"以无数美国儿童的思想和心灵博得了巴黎人的青睐"。

《为小鸭子让路》

《玛德丽娜》

同时，世界上许多国家都设立了儿童读物插图奖，如英国设立了凯特·格林纳威奖，国际儿童读物联盟在国际安徒生大奖中增设了插图奖，捷克布拉迪斯国际双年展也开设绘本奖项等。

二、绘制儿童插画

每个人都有童年的记忆，找到一个有趣或难以忘怀的小故事，把它们绘制成插画，借助现代印刷技术装订成册，是一件既有纪念意义又可与人分享的事情。插画绘制的过程将促使绘制者更为深入地理解和实践插画表现形式、插画装帧形式、色彩和形象设计等内容，同时对于学前教育从业者来说，完成的插画作品又能成为很好的教学道具。

（一）手绘插画

运用手绘表现的插画作品，其材料包括水粉、水彩、马克笔、彩铅、油画棒等。不同材料和画法表现出不同的插画风格语言，为手绘插画的表现提供了更多丰富的选择。

1. 水彩插画

水彩插画有画面清透的特点，作画时运用水彩的干湿画法表现形象和背景环境，画面一气呵成，水与色相互交融，色彩变化丰富。

《派老头和捣蛋猫的开心故事》（【瑞典】斯文·诺德奎斯特 文／图）

《被遗忘的公主》（【法】菲利普勒榭米耶／文【法】 海贝卡朵特梅／图）

2. 水粉插画

水粉插画运用水粉颜料鲜明、对比强烈、色彩厚重的特点，在具体作画时运用水粉平涂、喷洒、拓印等多种肌理技法，表现插画作品的强烈视觉冲击力。

《不一样的树》（【美】克里斯·柯尔弗／文 布兰登·多曼／图）

《蒂科与金翅膀》（【美】李欧·李奥尼文／图）

3. 水墨插画

水墨插画是运用中国画材料表现插画的一种画面形式。插画借助中国画水墨表现技法强调中国画的笔墨意趣，并结合中国传统文化的特征，借助民间故事、神话传说、童谣等内容进行画面表现。

4. 彩铅插画

彩铅插画是运用彩色铅笔进行画面表现的一种插画形式。无论是运用普通彩铅和还是水溶性彩铅，彩铅插画在作画效果上易于表现出微妙的色彩变化与素描关系，且材料操作简便。

《中国水墨绘本》（梁培龙）　　　　《小蝌蚪找妈妈》（鲁兵）

《兔儿爷》（熊亮／文　熊亮　段虹／图）

《小矮子穆克》（【俄】安东·罗马耶夫／绘）

5. 油画插画

运用油画材料表现插画，画面油彩厚重、肌理感强，更容易体现出画面的意境及真实性。油画属于专业性较强的西画画种，除了专业的油画工具以外，若需要快捷方便地体现出油画效果，也可选择油画棒或色粉笔等操作较为简便的工具进行插画表现。

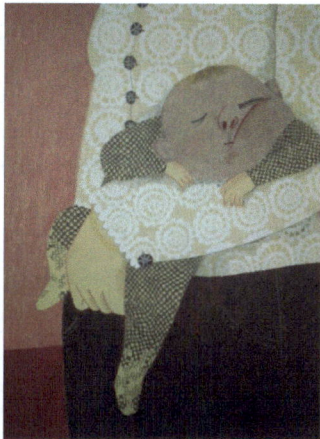

《大大的小东西》（【意】贝娅特丽丝·阿勒玛尼娅／绘）

《遮月亮的人》（【法】埃里克·皮巴雷）

6. 线描插画

线描插画是以线描为主体的插画形式。设计线描插画时，可运用马克笔、水彩笔等勾线，也可结合计算机绘制。线描插画注重画面中点、线、面的运用，色块往往平整明快，以烘托画面中线的相互关系与趣味性。

《母鸡萝丝去散步》（【美】佩特·哈群斯）

《乒乓和乒乓钓大鱼》（【日】宫西达也）

7. 版画插画

版画插画是以版画技法进行插画绘制的创作形式。其方法是在木板、铜板、石板或纸板上进行刻制，并运用版画印制方法展示图像。画面强调刻刀刻制时留下的刀痕变化与线条疏密关系。

《美丽的螺旋》（【美】贝斯·克罗姆斯／文）

《狮子的房间》（【法】阿德里安·帕兰格文／图）

（二）数字插画

数字插画是一种运用计算机作图软件进行插画上色的表现手法。数字插画能够表现出不同材质的真实效果，作画快捷、高效、效果多变，是现代插画表现中常用到的方法。此外，数字插画缺乏手绘插画中手绘的风格性和趣味性，因此无法完全取代手绘插画。

《三个强盗》
（【法】汤米·温格尔文／图）

《小河马假扮医生》
（【美】乔纳森·伦敦文／图）

（三）综合材料插画

运用布、纸、木片、金属、豆类、毛线等多种综合材料进行插画创作，或借用照片、画报、海报等多种色彩形式表现画面，形成综合材料插画。综合材料插画能传递出材料的特殊质感，并引发读者对材料的经验回忆，同时也更容易将读者带入画面情境，产生共鸣。

材料：彩色贴纸等

《小白鱼过生日》（【比】G.V.西纳顿文／图）

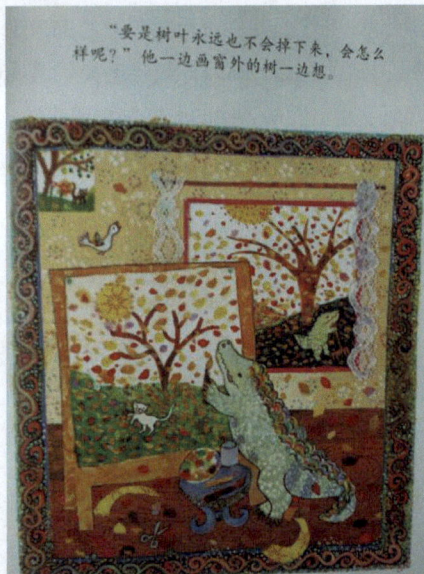

材料：蕾丝花边与布等

《问个不停的小鳄鱼》（【美】埃丽莎·克莱文文／图）

三、儿童绘本的创作实践

儿童绘本的创作实践是一项综合性较强的创作活动，创作者需要在创作过程中经过绘本文学故事编写、形象设计、画材准备和创作实践等诸多环节。故事和形象的准备称为素材准备，只有素材、画材均齐备时，才能够更为顺利地进入具体创作实践。

（一）素材准备

进行儿童插画创作前，需要进行素材准备。素材准备包括对角色形象的收集、造型表现和设计、画面版式的安排以及主题制定和文本的编写。

（二）画材准备

针对整理好的素材进行绘画材料的选择，根据画面需要选定不同特点的画材，如表现厚重神秘的意境需要水粉或油画画材，表现轻松柔美的意境需要水彩类画材等。运用选择的画材，根据不同画材的表现手法绘制色彩肌理效果，完成画面搭配，营造意境。

（三）创作实践

插画创作的实践需要运用插画知识的综合性能力，运用手绘、计算机制作、综合材料等诸多表现形式来创作作品。创作实践也是对插画内容、角色设计、技法表现等综合能力进行练习和提高的过程。

儿童插画创作示范：

起稿

铺基本色

深入塑造

调整完成画面

儿童插画创作赏析：

儿童插画创作赏析

讨论与实践

进行绘本阅读并分析绘本画家的风格特征，以小组合作的形式创作绘本作品，可进行适当形式的装帧和装订。

儿童绘本创作实践示范

知识拓展

宫西达也的绘本创作

宫西达也毕业于日本大学艺术学部美术学科，一开始，他从事人偶剧的舞台美术和平面设计工作，后来进行绘本创作。宫西达也从自己的童年记忆和育儿经验中获取创作灵感，绘本故事温馨、诙谐、结构曲折，独树一帜的画风大胆、有力，甚至可以称为"强悍"，他采用了很现代的绘画技法来表现，使画面极具视觉冲击力，让读者把注意力集中于眼前图景，关注角色的每一个表情和动作，色彩浓重的画面与极具感情色彩的文字相呼应，受到儿童和成人的广泛欢迎。

宫西达也的绘本

第四节　色彩图案

【教学目标】

理解色彩图案的组织形式和制作步骤，能独立进行图案设计及绘制。

【教学重点】

色彩图案的组织形式
色彩图案的制作步骤

图案是实用性与装饰性相统一的、日常生活中最为广泛、最为普及、人们最为熟悉的一种艺术形式。

色彩图案的组织是指将纹样布置在画面中，并产生整体协调关系的纹样组织方法。从组织形式的规律性来分类，色彩图案可分为单独纹样、适合纹样与连续纹样。

一、单独纹样

单独纹样是图案中纹样的单独个体，是组成图案的基本单位。单独纹样表现自由活泼，结构独立而完整、形态自然，不易受到外来形状的束缚。单独纹样分为对称式和均衡式两种。

（一）对称式单独纹样

对称式单独纹样指以中轴线为中心的上下或左右等量、等形排列的纹样形式。对称式单独纹样给人以稳定、饱满的视觉感受。

对称式单独纹样

（二）均衡式单独纹样

均衡式单独纹样指没有对称中心、自由舒展而保持画面平衡的纹样。均衡式单独纹样虽不像对称纹样那样结构严整，但等量不等形的排列形式更能给人以生动、变化、新颖的视觉感受。

均衡式单独纹样

二、适合纹样

适合纹样是指图案外形限定在规定形状之内，并体现出外形适合特性的纹样形式。适合纹样外形完整，内部结构与外形巧妙结合，能够较好地符合设计外形特征，产生出饱满、丰富的纹样特点，适合纹样常用于实用品规定尺寸的装饰设计。

（一）适合纹样的分类

根据外形不同，适合纹样可分为方形适合纹样、圆形适合纹样、角隅适合纹样及其他形状的适合纹样。适合纹样应用广泛，能够在挂盘、手帕、瓷器等诸多实用品上进行表现。

方形适合纹样

圆形适合纹样

多边形适合纹样

在进行适合纹样的创作时，应先选定外形，再将设计的纹样安排于相应外形之中。纹样构图所参照的基本样式称为骨架，骨架可作为适合纹样设计的基本参考。

（二）适合纹样的骨架

适合纹样的设计遵从一定的排列规律，并在排列规律中变化出不同的纹样形象，产生千变万化的纹样面貌。这种内在的规律与组织方式被称为纹样骨架。学习和掌握纹样骨架能够更好地帮助设计者完成适合纹样的设计，更为清晰地进行适合纹样的制作。下图骨架中完整体现出了适合纹样发散、放射、直立、旋转等对称性特点，箭头指向清晰地标明了纹样单位的运动方向，只需要将设计好的单位纹套入任何一个骨架，进行对称排列后，即可成为一幅美丽的适合纹样作品。

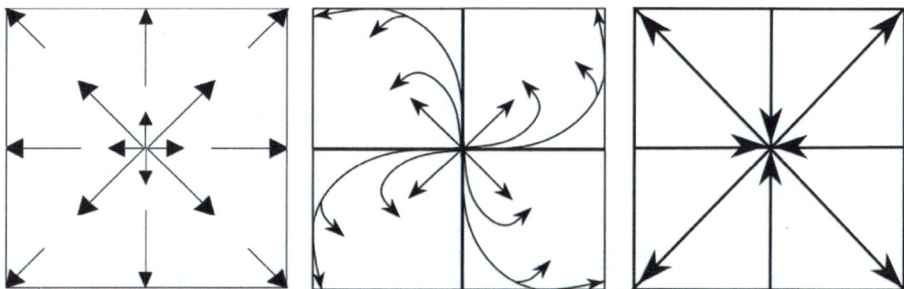

放射式（离心）　　　　　旋转式　　　　　综合式（向心和离心）

直立对称式　　　　　　　倾斜式　　　　　　　　反转式

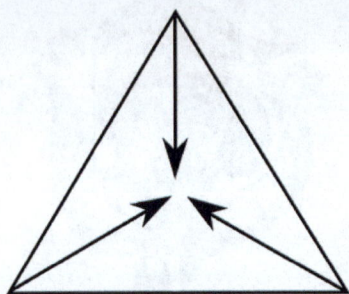

角隅放射（向心）　　　　　　多边形放射（向心）

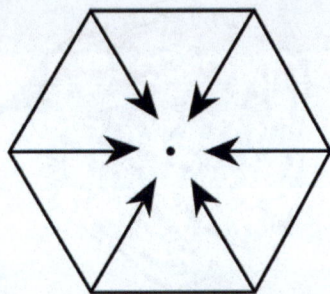

三、连续纹样

连续纹样是以一个基本的纹样为单位纹样，以一定的方向性反复重复进行排列的纹样形式。根据连续纹样的排列方向不同，连续纹样可分为向上下或左右两个方向反复排列的二方连续纹样，以及向上下左右四个方向反复排列的四方连续纹样。

（一）二方连续纹样

纹样向上下或左右两个方向进行重复排列的形式被称为二方连续纹样。因二方连续纹样经常被用于装饰连续的裙边、瓷砖腰线、头绳等物，故也被称为"花边纹"。二方连续纹样的排列方式分为散点式、斜线式、接圆式、波浪式、折线式等。

1. 散点式

以一个或几个纹样为单位，进行左右或上下的连续点状排列，有变化有统一。

散点式纹样

2. 斜线式

单位纹样以倾斜角度进行反复排列的一种形式。斜线式可以用一种或两种斜线纹样进行交叉或相对排列。

斜线式纹样

3. 接圆式

以圆形为骨架进行反复排列，可做大小圆的变化，也可进行半圆，或半圆与圆的交替排列。

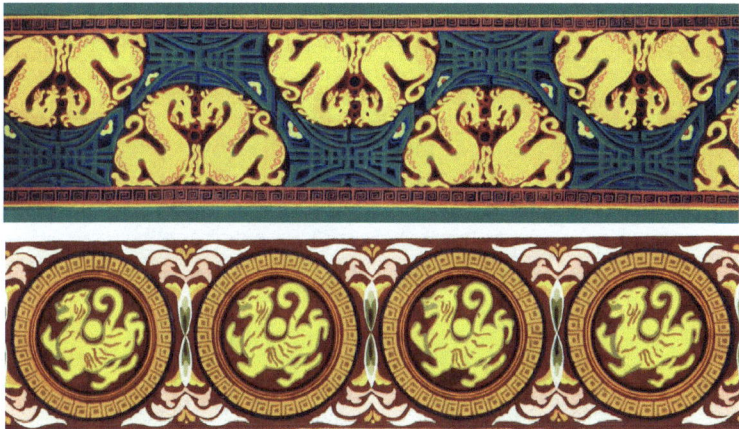

接圆式纹样

4. 波浪式

以波浪行进方向进行连续纹样排列，或者以波浪为骨架进行纹样设计。波浪式纹样富有动感、韵律、节奏。

波浪式纹样

5. 折线式

以折线方向进行连续纹样排列，或者以折线为骨架进行纹样设计。折线式纹样动感较波浪式更加强烈，结构严谨，富于韵律和动感。

折线式纹样

（二）四方连续纹样

以单位纹样进行上下左右四个方向的连续排列的纹样形式。四方连续可以广泛应用于染织品、地板砖、墙面及服装等。

四方连续纹样

四方连续纹样（续）

讨论与实践

在一次性纸质蛋糕盘、白色瓷盘或瓷瓶上进行适合纹样的设计。

适合纹样的设计示范

知识拓展

青花瓷

青花瓷又称白地青花瓷，常简称青花，是陶瓷烧制工艺的珍品，是中国瓷器的主流品种之一，属釉下彩瓷。青花瓷是用含氧化钴的钴矿为原料，在陶瓷坯体上描绘纹饰，再罩上一层透明釉，经高温还原焰一次烧成的。钴料烧成后呈蓝色，具有着色力强、颜色鲜艳、烧成率高、呈色稳定的特点。原始青花瓷于唐宋已见端倪，成熟的青花瓷则出现在元代景德镇的湖田窑。青花瓷纹样题材丰富，技法巧妙，设计构图均富于特色。青花瓷亦是学生进行图案学习的优秀素材。

青花瓷欣赏

第五节　色彩装饰

【教学目标】

　理解色彩装饰画的基本规律

【教学重点】

　色彩装饰构图方法

　色彩装饰的节奏表现

一、装饰概述

　装饰画的发展始终同人们的生产生活相关，在各历史时期都反映着人类文明的发展状况。无论是远古壁画、原始彩陶、商周青铜还是现代墙饰，装饰画都以材料和形式的多样性成为人们生活审美不可或缺的组成部分。

　装饰画非常讲究画面与环境的协调和美化。从题材上分类，装饰画一般分为具象题材、意象题材、花卉题材、人物肖像题材、抽象题材和综合题材等，装饰画表现注重在丰富的生活基础上，进行合理的夸张、生动的比喻、巧妙的联想与想象。

二、装饰构图

　色彩装饰的构图形式丰富，有平面并置、层叠构图等，也可根据视角的转换进行构图形式的创新。

（一）平面并置

　平面并置将形象和色块进行并置，将真实的三维空间转化为二维平面空间，画面形象以平视为主，形象之间较少有遮挡关系，注重形体主次之间的轻重、松紧以及大小变化，体现出平面装饰的趣味感。

（二）层叠构图

　层叠构图指在画面形象之间拉开空间关系，利用形象的层叠排列表现前后关系，在处理色彩时，利用色彩冷暖对比体现出形象的主次、大小及虚实关系。

画面中房屋的物品与人物进行并置，花卉的整体与局部进行并置

画面中光芒变化的曲线并置，人物面部和头部的色块形状并置

画面卡通、猫轮廓等形象层叠排列

（三）仰视构图

仰视构图利用仰视的视角表现形象及色彩，如同用昆虫的视角仰看整朵花头，或仰视自然植物、动物或建筑。

视点从低角度仰望，卡通鞋及树木、蘑菇房等形象变得高大

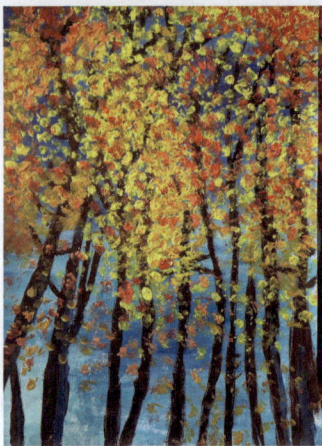

仰望树顶和天空，树木挺拔、枝繁叶茂

（四）俯视构图

俯视构图利用宏观或俯瞰的视角表现景物。俯视使画面全面，有整体感，且浪漫、丰富。

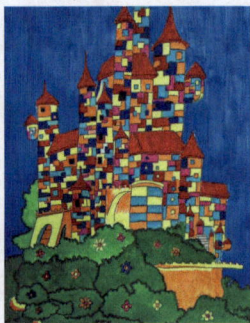

在高空中俯瞰地面，房顶应表现得更大、更丰富

三、装饰律动

在舞蹈和音乐中，一个变化的舞姿或一串高低错落的音符都能产生律动感。绘画也

是一样，从视觉上来说，色彩的变化和色块的层次都能够让欣赏者产生运动联想。画面的精美设计与色彩表现将实现节奏感更强的作品效果，如同色彩幻化成了音符与舞姿，在画面中跳跃，这就是装饰律动。

（一）层次表现

层次是作品所呈现的递进感觉，层次的表现能够增强作品的厚重感和丰富性。在装饰作品中，无论黑白或彩色均可以营造出丰富的层次意境。装饰作品中色彩明暗、浓淡的变化可产生层次上的远近空间变化，能增强作品的色彩厚度，使作品不再平面化，摆脱单调、平庸的面貌。

花卉产生近与远的空间层次

（二）重复与渐变

在装饰画作品中，形象或色彩的重复与渐变用于表现一种装饰符号的反复使用或一组色彩有规律排列的秩序性特点。这是设计色彩形象的常用方法，重复与渐变更容易使画面形象和色彩产生一种整体感，类似于强调的手法，符号的反复使用有助于画面风格的一致性表现。

1. 重复

重复一般围绕画面的形象符号反复排列，如下图中花、几何图形、鸟、太阳等均出现了形象的重复，在重复中，形象的大小或前后关系均可改变，甚至可以将形象进行解构分割，形成整体与局部的重组，这些都能促使在重复中产生节奏及韵律变化，形成画面的秩序感。

2. 渐变

渐变往往依据光线的变化或形体结构的规律产生相应的变化，如下图中天空、山川、花卉等均产生了色彩的渐变推移，使形象的色彩变化柔和，色彩间的关系更加和谐。

重复产生富于秩序感的韵律

渐变使色彩更为细腻

四、装饰画表现

装饰画是与生活关系最为紧密的艺术形式之一。装饰画能与环境协调并美化环境，改变人们的生活环境。装饰画的表现手法多样，装饰画只有经过合理的构思及大胆的创意表现，才能形成好的作品。

（一）表现手法

装饰画的表现手法主要是根据形象特征及主观想象进行简化、夸张、变形等装饰处理，以及对复杂外形进行提炼，在真实形态的基础上设计装饰形象。

1. 简化

面对纷繁的自然物象，只有运用简化的方法处理复杂外形，对形象进行概括表现和特征提炼，才能使画面产生简约、简洁的美感。

简化房屋与猫头鹰形象

2. 夸张

夸张是指在装饰形象时，让形象特征更加夸大和突出，或对画面空间、形象大小或色彩对比进行强调表现，以增强画面的趣味性并给观赏者留下深刻的印象。

3. 变形

变形是指将真实物象的外形扭曲变化，主观改变画面形象，运用丰富的想象力和创造力，形成新的形体节奏和韵律的表现形式。

夸大乌龟背部的形态

夸大人物面部表情

对动物和星空进行变形

（二）设计构思

设计构思是针对画面表现的形象进行设计，从风格、形象特征、画面构图等诸多方面思考形象的表现手法，以及形象与画面的关系，完成创作前的准备。设计构思包括资料整理和草图设计两个方面。

1. 资料整理

设计构思时必须对形象有足够的资源储备，包括对形象的外形、色彩、纹理等特征的了解，对形象作品的搜集整理，对形象文化含义的解读，对富于时代特征的表现手法的比对和借鉴等。只有创作者充分和全面地了解已有资源，才能更个性鲜明地表现作品，提高对作品的控制能力。资料整理包括进行实物写生并拍摄或查找图片资料，观察实物，总结特征表现和主观感受等。

2. 草图设计

将心中的形象表现出来，并非一蹴而就，而是需要对设计手稿反复琢磨、修改，这些过程的绘制即是草图设计。在构思形成的最初，需要快速与真实地记录感受与规划画面，而在构思成熟后，应制作更为精细周到的草图，力求更接近正稿的整体效果，为下一步创作表现进行铺垫。

（三）创意表现

生活中充斥着大量的信息，运用多重材料进行创意表达可使无论艺术创作的过程还是最终的效果都具有极大的实验性、创造性和启迪性。不同纹脉、不同材质、不同色彩，会诱发创作意图的产生。在色彩装饰创意表现时，要赋予不同色彩和材料不同的创意来表达内涵。

1. 色彩表现的创意

在绘制过程中，可运用简化概括、推移渐变或重复色块等形式表现画面，体现画面中色块搭配的美感。

鲜艳的色彩表现欢愉主题，暗沉的色彩烘托神秘意境

与符号结合，运用简略的大色块对比传达出儿童般天真和趣味的主题

2. 材料表现的创意

材料能够体现出丰富的质感和色彩特征，除了色彩材料外，生活中还有诸如布类、金属类、石头类、谷类、绳类、塑料类、纸类等各种材料，这些材料的巧妙运用极大拓宽了作品的形式与种类。装饰画的常用材料如下。

（1）绘画类装饰画

绘画类装饰画的材料分为油画棒、水粉、水彩、马克笔、色粉笔、彩铅等，具体方法及图例讲解详见本书第三章，这里不再赘述。

（2）雕刻类装饰画

运用雕刻的手法进行材料的再塑造，如在木、根、石膏等材料上进行雕刻，根据天然的纹理形态进行加工，或结合色彩工具涂绘。

材料：木雕、丙烯颜料

（3）镶嵌类装饰画

镶嵌类装饰画是将贝壳、玻璃、蛋壳、金属等材料嵌入画面油彩，体现材料特殊质感的装饰画。

材料：金属丝网、木屑

材料：木炭、火柴

（4）编织类装饰画

用编织的方法也可完成装饰作品，如毛线编、麻绳编、竹片编等。传统的机械和手工编织技艺较为复杂，不容易掌握，但结合缠绕、折叠、拼贴等纤维材料制作的现代编织工艺更简单，且富于创意，纵横交错的纹理及材料质感装饰效果更为鲜明和独特。

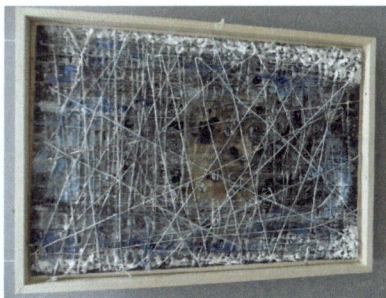

纸条编织　　　　　　　麻绳编织、丙烯上色

（5）拼贴类装饰画

拼贴类装饰画是广泛搜集生活中的各种材料，如毛线、木片、羽毛、布、纸等，在装饰画面上完成形象的装饰画形式。拼贴类材料承载着创作者对生活的感悟、制作痕迹和创作记忆，更容易激发观赏者的认同感和心理共鸣。拼贴类装饰画也是儿童在进行装饰表现时，较常选用的方式之一。

铅笔屑装饰画　　　　布贴装饰画　　　　纽扣装饰画

色彩

（全彩微课版）

布嵌装饰画

讨论与实践

在幼儿园墙面上进行装饰壁画设计，可用哪些材料和形象完成？分组讨论并在对开夹板上进行制作。

珠海启雅幼儿园和香港维多利亚幼儿园师生设计的墙面装饰画

知识拓展

草间弥生

圆点女王、日本艺术天后、话题女王、怪婆婆等诸多标签加在一起，都不足以囊括草间弥生复杂而多变的一生。这位和荒木经惟一起被批评为日本坏品位的代表人物，年逾80岁，用半个世纪的艺术创作来不断证明自己，并和安迪·沃霍尔、小野洋子等先锋艺术家见证了当代艺术史。红点、绿点、黄点，极度夸张，颜色艳丽，是草间弥生的创作标志。高彩度对比圆点花纹经常出现在她的绘画、软雕塑、行为艺术与装置艺术作品中。

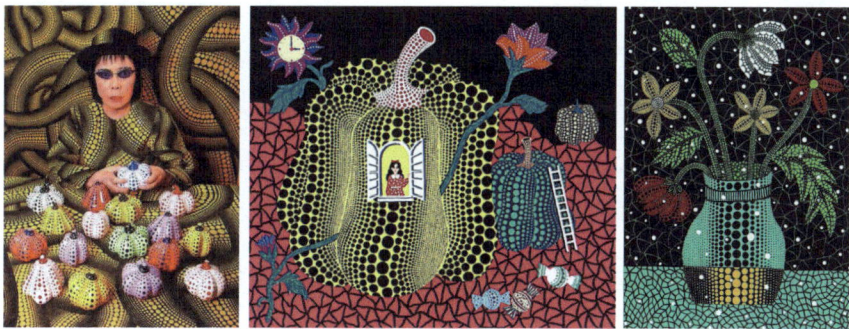

草间弥生和她的作品

第六节　色彩装置

【教学目标】

学习认知和欣赏色彩装置作品

学习色彩装置作品的表现方法

【教学重点】

色彩装置的组织形式

色彩装置的空间构成方法

一、装置艺术

装置艺术作为一种当代艺术中最为广泛和最具影响力的艺术形式，革新着现代人的创作观念。装置艺术为艺术提供了一种新的可能，是一种传统技法之外的鲜活存在的艺术观念表达渠道，是艺术与生活结合、艺术生活化的认知新形态。

（一）装置艺术的概念

装置艺术最早的说法是"现成品艺术"。装置艺术是通过错置、悬空、分割、集合、叠加等手法对现成品予以重新建构，将其置放于新的展示场所，并赋予其新的意义指向的一种艺术创造和展示方式。

（二）装置艺术的特点

装置艺术因其观念与材料的特殊性，具有互动性、展示性、独立性、经验性、综合性等特点。

1．互动性

装置作品能够促使作品与观赏者之间沟通与交流，让观赏者在互动中完成欣赏与体验的过程。

2．展示性

装置作品结合空间和场所，将展示环境纳入作品本体，使作品与展示的地点和空间共同构成艺术的整体。

3．独立性

装置作品在独立的空间下完成，在视觉和听觉上不受其他艺术作品的干扰。

4．经验性

装置艺术是人们生活经验的延展。装置艺术包含了人们的生活痕迹和情感记忆，所创造的环境能激发观赏者的主观感受和体验。

5．综合性

装置艺术综合性较强，它自由使用绘画、雕塑、影视、录像、诗歌等多种艺术形式和手段进行创作。

二、装置色彩

"空间""技术""体验"是装置艺术创作非常重要的元素。装置艺术的色彩展示除二维平面外，还可包括三维空间、自然环境，以及数字技术下的影像及灯光等。在由实体材料和虚拟物象组成的装置色彩环境下，材料质感及色泽能够为观赏者带来全新的视觉感受与触觉体验。装置色彩材料分为以下几种。

（一）实体色彩材料

装置作品选用生活中现实存在的材料，可以是已经加工完成的产品，也可以是自然界中的自然物。从材料的特性来看，大致分为自然材料和人工材料两类。

1．自然材料

自然材料天然、原始、质朴，具有天然形成的材料质感和不规则外型。常见材料有木、石头、黏土、沙砾、植物等。

2．人工材料

人工材料指经过人工的二次处理，为人们生产和生活所用的、人工合成的材料，如纸、布、塑料、玻璃、橡胶、皮革、金属、绳类、复合材料等。

石块和竹筒绘画组合的装置作品

麦秆粘贴、涂色构建的装置作品

书法毛边纸堆砌的水墨装置

纤维编织装置

（二）虚拟色彩材料

　　虚拟色彩材料是相对于实体材料提出的概念，通常指没有实体的、虚无的、变幻的色彩材料，往往运用灯光、影像、日光等产生丰富的变化，来表达某种特定的艺术观念。此外，虚拟色彩材料也包括伴随科技发展不断更新的新兴材料。

声、光、电与绘画及陶艺组合的装置作品

除上述分类外，也可以根据点状（如玻璃珠、石块、纽扣、种子等）、线状（如铁丝、麻绳、吸管、筷子、牙签等）、面状（如各种材料的块面）等多种材料形状进行分类。

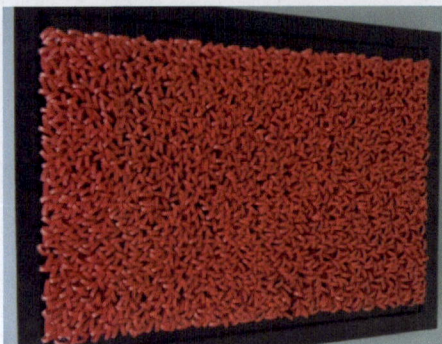

橡皮筋组合装置

松果组合装置

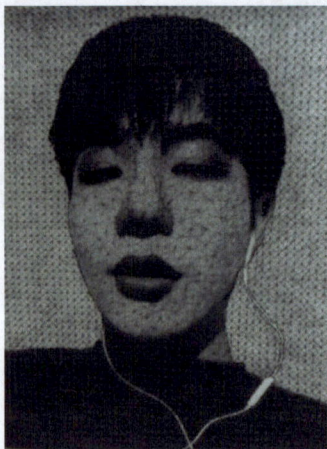

照片打印、钢钉、棉线缠绕装置

树皮组合装置

现成物装置

金属丝编织装置

（以上作品均来自长沙师范学院本科生毕业创作展）

三、装置的构成

不同材料经过特定的制作和处理后，构成了不同的装置作品。装置在艺术空间中通过虚拟的声光电、物件、动力，营造作品与观赏者的互动氛围。

（一）虚拟构成

某艺术家在一个环境中组合红、绿和蓝三种不同颜色的光源，使每一个走进环境并身处其中的人被这些融合的色彩所渗透，这即是一种虚拟构成。

（二）物件构成

物件构成运用生活中的现成品进行堆积与叠加可形成视觉上的强大震撼力。韩国当代艺术家 Choi Jeong Hwa 用一元店中的菜篮做了一系列装置艺术作品。Rachel Whiteread 在 2005 年把几千个看起来像白色塑料泡沫的盒子堆满展厅，如同人们儿时玩耍构建的城堡。安迪·沃霍尔的"*silver clouds*"（《银色云朵》），这些银光闪闪的氢气球源于艺术家儿时幻想枕头像云一样飘起来的样子。

Choi Jeong Hwa作品

Rachel Whiteread作品

安迪·沃霍尔作品

（三）动力构成

动力构成是把当代新兴的技术融入艺术创作的一种艺术呈现方式。在装置艺术中利用电子技术或机械技术表达艺术家的思想观念，运用动力学的原理设计形象、表达观念。

2017时光印象莫奈展

光与影的动力构成

（来自长沙师范学院本科生毕业创作展）

四、幼儿装置艺术

在幼儿的生活和学习环境中，经常可以看到结合了幼儿大胆想象创作的大型艺术作品，它们往往运用了众多的生活废旧材料，并以独立空间展示的形式摆放。甚至有的作品能够与幼儿零距离互动，如纸箱拼成的机器人、废轮胎组成的隧道、水管连接成的墙面等。这些作品具有装置艺术的所有特征，虽然只是在幼儿生活的环境中呈现，但仍不失为优秀的艺术作品。

（一）幼儿装置艺术的含义

幼儿更善于选取生活中的材料，将本不相关的资源表现为另一种形象，同时幼儿与作品所保持的亲密联系甚于任何一个成人艺术家，幼儿的装置艺术作品同样在环境中独立呈现，这些具有装置艺术特点而又很富于幼儿个性化的作品，我们称之为幼儿装置艺术。下面列举出几个关键词来深化这一概念的含义。

1. 现成品

幼儿手工作品取材于现成品，幼儿将对生活的经验融入作品中，装点周围的环境。因此，幼儿装置艺术是现成品的艺术。

2. 环境融合

幼儿园环境布置中的装置作品可与幼儿互动。在幼儿园环境布置中，装置作品的展示已经成为环境的一部分，甚至还具有了新的实用功能。

3. 记忆与情绪

装置作品中的材料及形象均与幼儿生活密切相关，能使幼儿在制作和观赏作品的过程中形成对生活的记忆与情绪。

（二）幼儿装置艺术的作品鉴赏

对幼儿装置艺术作品进行收集整理，并针对作品材料、制作方法等进行鉴赏，能够为学前教育从业者提供更为直接的作品素材，并为其他色彩门类的学习提供间接的资源。

全国文学年会长沙师范学院"童心画语"作品展

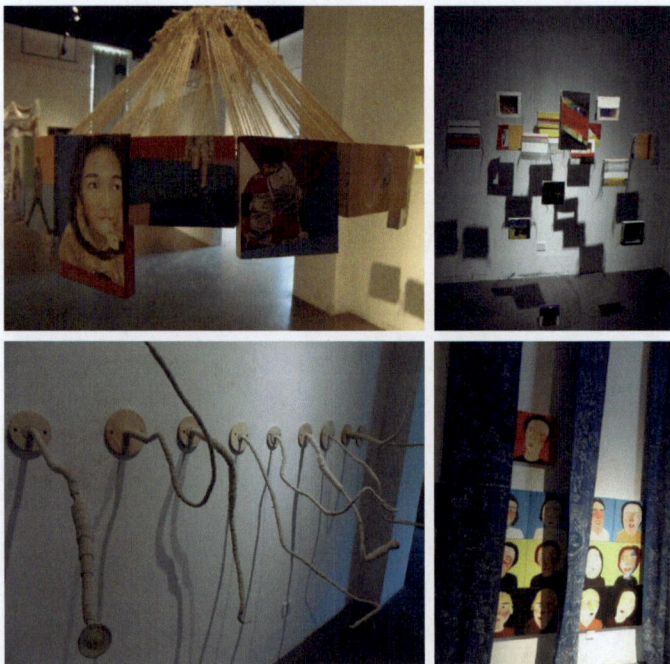

长沙师范学院本科生毕业创作展

讨论与实践

思考在幼儿园环境布置中，还可以借用哪些现成品进行装置艺术的创作？

全国文学年会长沙师范学院"童心画语"作品展

知识拓展

国外装置艺术

装置艺术是"场地＋材料＋情感"的综合展示艺术。在短短几十年中，装置艺术已经成为当代艺术中的时髦，许多画家、雕塑家都给自己新添了"装置艺术家"的头衔，在西方已经有专门的装置艺术美术馆，如英国伦敦的装置艺术博物馆、美国旧金山的卡帕街装置艺术中心。

Roger Hirons
把伦敦郊外的老旧公寓
变成一个奇幻的晶体洞穴

Tanya Schultz
利用数以千计的糖果，搭配上百公斤的细砂糖、亮粉、颜料
及许多装饰小物，打造出一个无比梦幻的糖果王国

第三章
色彩探索

第一节　色彩材料

【教学目标】

　　掌握色彩材料的作画步骤

　　认识色彩材料的表现特性

【教学重点】

　　色彩材料分类

　　色彩材料的表现特点

　　色彩材料种类丰富，从已有的色彩表现材料上分类，有水粉、水彩、油画、色粉笔、油画棒等。每种材料的使用技巧不同，形式各异。此外，色彩材料的探索空间较大，随着艺术材料的研发，有更多新材料和新技法可用于作品的创作。

一、水彩

　　水彩画是以水为媒介、调和水彩颜料进行色彩表现的画种，画面清新是水彩画独特的魅力所在。水彩画分为写实水彩画、幼儿水彩画、建筑画、设计效果图等。同时，它的表现题材也很广泛，如静物、历史题材、都市题材、花鸟虫鱼等。

（一）水彩工具

　　在创作水彩画时，纸面需要接触大量的水，因此纸张的承水性能必须胜任这种特性。无论是纸张还是颜料，相对于其他画种来说，水彩画都有更高的要求。对水彩工具的正确使用是画好水彩画的前提。

1．颜料

　　水彩颜料是一种色彩鲜艳、易溶于水、附着力较强、不易变色的绘画颜料，由色彩加树胶合成。水彩颜料分为锡管状与干块状两种，专业绘画时常用锡管颜料。水彩的色彩清透、流畅，水彩颜料颗粒细腻，沉淀较少，水彩颜料产生的效果具有水色淋漓、清透多变的特点。

2．画笔

　　水彩画笔一般要求饱含水分，又富有弹性。针对表现过程中的不同要求，可以用不同种类和型号的画笔作画。较细的画笔可用于深入塑造细节，而粗大的画笔适合涂抹大的色块，表现整体关系。画笔的常用类型有圆形笔、扁平头笔、磨光画笔、椭圆形笔、扇形笔和底纹笔等。

锡管装颜料

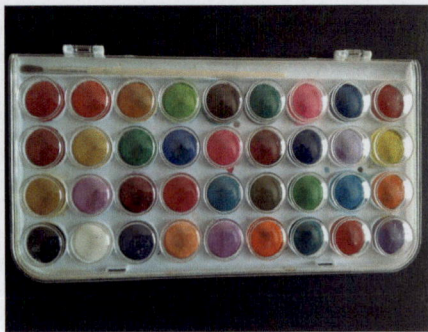

干块状颜料

圆形笔

扁平头笔

3. 纸张

水彩纸吸水性强，纸张较厚，纸面纤维较粗密，不易因重复涂抹而破裂起毛。水彩纸的纸质（包括纸白的程度、质地和纸的上浆标准）基本上分为热压纸、冷压纸和粗面纸三类，表面纹理有粗面、细面和滑面的不同。此外，较厚的纸耐用性好，适于反复刻画和修改，不会使纸面起皱或损伤纸面。

获多福品牌的水彩纸

4. 调色工具及水具

在水彩画中，水是作画的必备条件，作画时既要有调色用水，又要有洗笔用水。绘制水彩画时，需要清洗笔及调色的工具各一个。调色盘可选用有深度的多格盒或花瓣盘，单个的白色瓷盘也可用来调色。

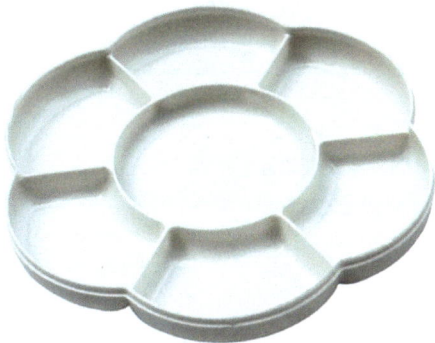

多格颜料盒   花瓣形调色盘

（二）水彩的基本技法

水彩的基本技法是水彩作画的基础技能，是水彩的众多技法所遵循的基本规律。无论初学者还是专业学生，面对变化万千的水彩，其研究和表现的根本方法只有两个，即干画法和湿画法。水彩其他的肌理技法，无论是"玩水"的游戏（吹、洒、刮等），还是严谨的写实，都是围绕着水彩的基本技法进行的。此外，干、湿画法绝对不能孤立地在画面中使用，而是干中有湿、湿中有干。水彩色彩清透，覆盖力弱，因此作画步骤应为先上浅色，再着深色，层层进行，这样才能达到水彩的最佳效果。

1. 干画法

干画法是一种多层绘制水彩颜色的画法，即每次涂水彩颜色，都是待前一层的颜色干后再重叠上色。干画法绘制时不求水彩层次间的渗化效果，可以比较从容地一遍遍上色，较易掌握，适于初学者进行练习。干画法的基本特征是纸面环境呈干燥状态，而调色的笔始终保持湿润。

2. 湿画法

湿画法是在湿润的纸面上着色作画，或趁前一层的颜色未干时重叠上色的方法。因作画的色彩环境较为湿润，在着色时画面常出现水色流渗，变化丰富，有淋漓畅快之感，当表现过渡柔和的色彩渐变时多用此法。作画时，对纸面的水分要适当控制，接色时水分要均匀，否则，过多的水分容易冲流，产生不必要的水渍，破坏画面的整体效果。

洞庭云水（朱辉）

橘子与草莓（朱辉）

3. 肌理画法

　　肌理画法是围绕水彩的干湿画法进行的水彩技法，主要体现在作画时借助特殊材料表现画面形象肌理。水彩肌理画法包括洒色（趁底色未干时洒上色彩）、洒水（趁底色未干时洒上水滴，或使用喷壶喷洒）、撒盐（在着色未干的底面撒上盐粒，当盐粒溶解后会产生雪花的形状）、揉纸（在揉皱的水彩纸面上作画）等。随着艺术家对水彩材料的探索，水彩肌理画法的种类和数量将会更加全面。

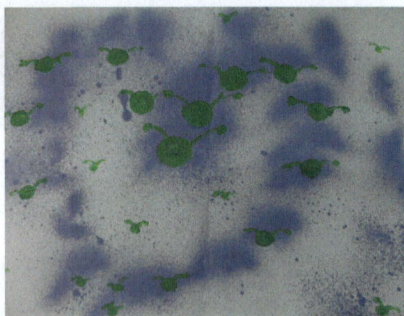

水彩洒色（幼儿作品）

水彩撒盐（幼儿作品）

幼儿水彩画技法示范：

铅笔勾形

铺大色块

刻画细节

铅笔勾形

铺大色块

刻画细节

铅笔勾形

铺大色块

刻画细节

铅笔勾形

铺大色块

刻画细节

色彩

（全彩微课版）

铅笔勾形

铺大色块

刻画细节

作品欣赏：

作品的题材富于幼儿情趣，色彩表现细腻，效果生动且富于水彩的透明性

作品主体形象刻画细腻，大面积的环境用浅淡的水彩湿画法铺就，对比强烈

二、水粉

水粉颜料的颗粒感和覆盖力较强,色泽鲜艳,是学习色彩基础时必须使用的材料。在作画过程中,水粉调色所用的水量较少,需要在色彩相对饱和的状态下绘制,因此作品往往呈现出厚重的特点。水粉可以绘制写实色彩,也可以绘制装饰画、插画及用于书籍装帧设计等。

(一)水粉工具

正确掌握水粉工具的性能是画好水粉画的前提。在绘制水粉画面时,必须严格使用水粉工具材料,不能用其他的材料取而代之。水粉的作画步骤是由深到浅、一层层作画,浅色层层覆盖深色。调色时少调入水,饱和用色,画面色彩体现出厚重的特点,在材料的使用与绘画效果上都与水彩画截然相反。

1. 颜料

水粉颜料也称"广告宣传色",它具有较强的附着力,富含粉质,能够表现较厚的色彩肌理。在作画时,一般的步骤为先画深色,再用浅色覆盖,形成丰富的色彩层次关系。水粉颜料的视觉冲击力强,色彩效果鲜明,一般可用于广告招贴、书籍装帧、图案和装饰画设计等。

盒装水粉颜料

2. 画笔

水粉画笔一般为扁头羊毫或尼龙毛笔,易于体现笔触的变化。清晰的笔触能较好地表现出形体的结构关系。在绘制设计类的色彩作品时(如海报招贴、书籍装帧、装饰画等),水粉画笔也能够均匀刷出平涂的色块。

3. 纸张

水粉纸比素描纸厚,纸面的承色能力较强,色泽洁白,纸质细腻,并在纸表压印有凹凸起伏的坑点,绘制水粉画时可以产生天然的纸质肌理。

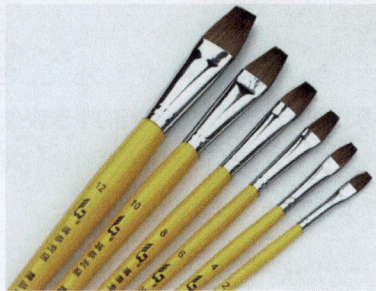

扁头尼龙毛笔

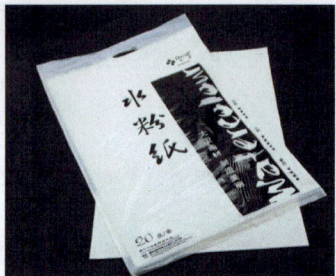

水粉纸

（二）水粉技法

1. 撒点法

　　撒点法是运用色点作画的方法。在完成涂绘的画面形象后，用牙刷蘸上颜料，在梳子齿纹上前后刮擦，可以在色彩表面落下较为细腻和丰富的色点；或以水粉笔蘸色彩将点撒落纸面，产生疏密、大小有致的色彩效果。此外，用喷壶撒点也是一种方便的选择，将调好的水粉颜色倒入喷壶中，按压喷壶撒点即可，此时需要注意点的疏密聚散以及点与其他色彩形状之间的关系。

水粉撒点法示范：

勾边　　　　　　　　铺大色块　　　　　　　　撒点

作品欣赏：

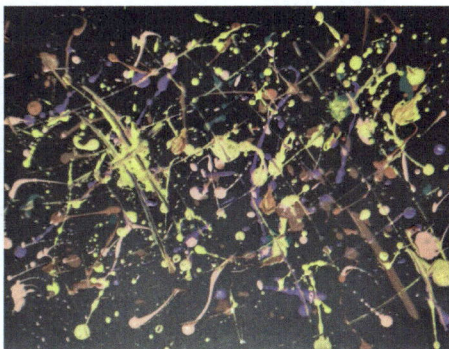

撒点后用弹珠滚动色彩产生的特殊效果

用牙刷、梳子喷洒

用笔头点色

喷洒与滴洒结合

用棉签点色

喷洒与滴洒、拼贴相结合

用勾线笔打点

2. 撇丝法

撇丝法是用细长的勾线笔，蘸上颜色后在底色上顺着一个共同的方向撇出丝状的方法。撇丝法能够较为生动地体现色彩的柔和过渡，具有羽毛的特殊纹理或特殊的丝质感。

水粉撇丝法示范：

勾外形

以干笔撇出衣褶

刻画细节

作品欣赏：

用撇丝法表现水波

用撇丝法表现花瓣

3. 拓印法

拓印法主要借助自然界和生活中物体表面所具有的天然纹理，如毛巾的点状纹、网格的网纹，以及叶片的叶脉纹等，运用压印的方法，在其表面覆盖色彩，然后将纹理转移至纸面。

作品欣赏：

松针拓印

银杏叶片拓印

三、丙烯

丙烯颜料的特性是干后不易溶解于水，适合户外墙面装饰或布面装饰。因丙烯颜料耐水性强、色彩鲜艳、对比鲜明、附着力好，在进行幼儿园环境创设时经常会用到这种材料。

（一）丙烯工具

丙烯颜料不易溶于水，画法多样，并能够附着于多种材质的底板，是环境设计和产品手绘的一种常用材料。因丙烯的丰富效果和强表现力，无论艺术家还是幼儿都非常喜爱这种绘画工具。

1. 丙烯颜料

丙烯颜料分为一般绘画用的丙烯颜料，插图、设计用的丙烯颜料，以及喷绘用的丙烯颜料等。丙烯颜料变化丰富，当多调入水时，绘画作品可体现出水彩的效果；当少调水或不调水时，厚重与斑驳堆积的丙烯颜料能够使画面产生油画的特殊效果。因丙烯颜料干后不易溶于水，因此人们在创作壁画装饰、布面装饰等特殊材料的色彩作品时会首选丙烯作为绘画材料。

盒装丙烯颜料

2. 丙烯笔

丙烯画对于画笔没有特别的要求，当画面需要多调水时，可以使用羊毫的水粉笔或水彩笔绘制丙烯画面；当画面需要少调或不调水时，可以使用狼毫或尼龙毛质的水粉笔或油画笔绘制。

3. 丙烯画底

丙烯画底可以是水粉或水彩纸张，也可以是纸张以外的其他材料，如砖块、石壁、金属、陶瓷、水泥、纤维板、木板、塑料等。这些综合材料的使用可以拓宽丙烯的表现语言，丰富丙烯的绘画效果。

（二）丙烯技法

丙烯颜料具有水性颜料（水彩）的操作特性，同时也具有粉类（水粉）或油类颜料（油画颜料）的特点。当在粗糙的材料表面绘制丙烯画时，需要使用粉画或油画类颜料的画法，可少加水或不加水，以体现丙烯的强覆盖力与厚重的特点；在光滑的浅色材料（如白墙或纸张）的表面绘制丙烯画时，若需要产生透明清澈的水彩类画面效果，则可以多加水调色。丙烯颜料色彩饱满、浓重、鲜润，无论怎样调和都不会有脏和灰的感觉。

1. 丙烯画法示范

丙烯画的步骤与其效果的需求相适应。在下列砖块、木板等厚重材质上，绘制丙烯画的方法与水粉画近似，可少加入水或不加水，作画时由深到浅，一层层地涂色。

在砖块上起稿

厚涂底色

刻画细节

在木板上起稿，厚涂底色

刻画细节

完成绘画

2. 丙烯作品欣赏

丙烯作品的表现可尝试多种风格，无论写实还是抽象，无论厚重还是透明，从材料效果上来说，丙烯都能达到。在欣赏作品时，应从丙烯的材料语言、色彩表现、画面构图及形象设计等方面进行学习。

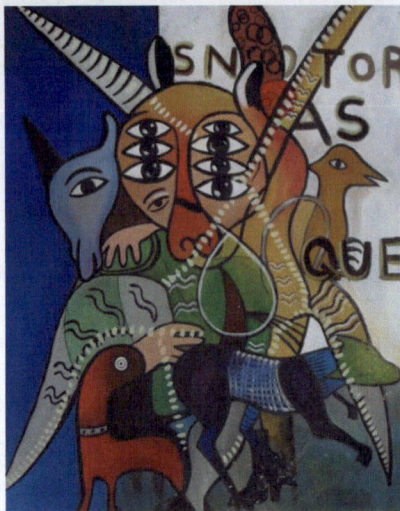

材料：木板、丙烯涂色

材料：硬纸板、丙烯涂色

材料：石块、丙烯涂色

材料：陶片、丙烯涂色

四、版画

版画是一门传统技艺，它更多体现的是运用刀、笔等材料进行版刻的行为痕迹和作画状态。与其他色彩工具相比，版画的画法更加多样，适合各年龄段的人进行学习。此外，版画的材料探索空间大，材料语言独特，制作过程结合了绘画和手工的方法，幼儿学习能够提高其手、眼的协调能力。当完成一块底版后，可以反复印制，作品效果朴拙、自然，深受人们的喜爱。

材料：冰棒棍、丙烯涂色　　　　　　　材料：石块、丙烯涂色

（一）版画的种类与工具

版画分为木版画、石版画、铜版画、锌版画、瓷版画、纸版画、丝网版画、纸版画、石膏版画等。根据不同版画的需求，工具选择也趋于多样化。在儿童版画中，常见的版画种类有纸版画、粉印版画、橡胶版画等。儿童版画的常用工具有卡纸、水粉或油墨、刻刀、胶辊、木蘑菇、吹塑纸等。

刻刀　　　　　　　　　　　胶辊　　　　　　　　　木蘑菇

（二）版画的技法

版画技法多样，对版画技法的教学应根据受众的年龄层次，选择合适的方法，以达到恰当的效果。幼儿阶段适合学习纸版画、小学阶段的儿童适合学习橡胶版画，大中专学生及专业人员可选择木版画、石版画、铜版画等。

1. 纸版画

纸版画是在幼儿阶段非常实用的版画技法。纸版画主要指通过借用纸张层叠的厚度，以及在进行形象设计时裁剪的纸张形状，结合版画的印制方

法完成的版画类作品。幼儿可以选择自己熟悉和喜爱的题材创作画稿，运用撕或剪贴的方法完成底版的制作，并在底版上均匀滚涂油墨、盖上印纸进行拓印。制作中需要注意的是，为了保证印制效果，应选用较厚的纸张进行制版，以符合纸版画对制版重叠粘贴厚度的需求。

纸版画作品示范：

用纸板剪贴形象

用胶辊滚油墨

覆盖宣纸拓印

完成拓印作品

用胶辊滚油墨

压印宣纸印制

完成的作品

纸版画作品欣赏：

用纸箱板印制的纸版画

剪刻纸版画

2. 粉印版画

　　粉印版画是在吹塑纸上定形刻线后，将吹塑纸与卡纸的一边进行固定，用较厚的水粉颜料在吹塑纸上铺色，再进行卡纸画面拓印的版画方法。粉印版画也称吹塑纸版画，其印制效果朴拙浑厚、肌理丰富、色彩对比强烈、操作简便，是很适合幼儿开展的版画类活动。

　　在印制时，需注意吹塑纸与卡纸间要固定牢固，不要随意错动，以防影响到色块间的整体性。此外，水粉容易变干，干后不能印制，所以应选用局部铺色、局部印制的方法来进行作品的制作。

粉印版画作品示范：

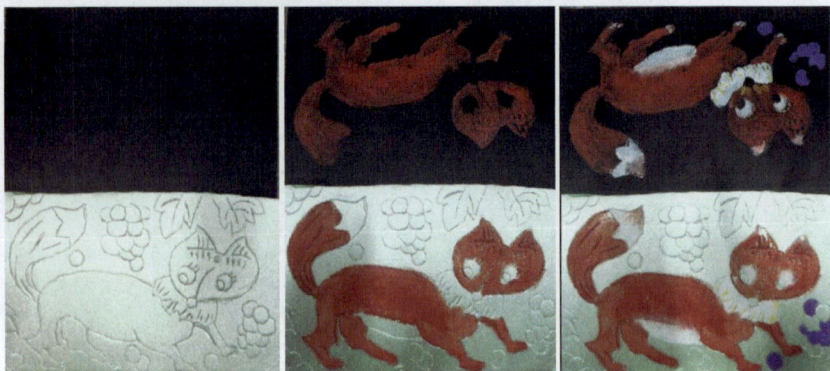

在吹塑纸上定形刻线　　　　　　局部涂色后压印

完成的作品

粉印版画作品欣赏：

在黑卡纸上印制，吹塑纸面的凹痕未接触色彩，印制时产生自然的黑线纹

在黑卡纸上印制，吹塑纸面的凹痕未接触色彩，印制时产生自然的黑线纹（续）

3. 橡胶版画

　　橡胶版画是用刻刀在橡胶版面上刻出形象的版刻方法。在制作时，先用铅笔在橡胶版面上画出形象，再用刻刀刻出凹凸的纹理变化，最后滚油墨拓印于宣纸纸面完成。刻刀的刀口种类非常丰富，有斜口、圆口、方口等，刻出的线条也有粗细的不同。橡胶版画需要运用刻刀在胶版上刻制形象，从安全性来看，本材料不适合幼儿使用。

橡胶版画制作示范1:

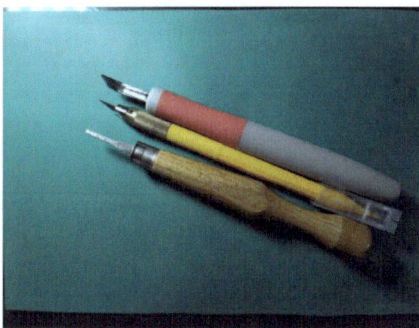

准备橡胶板、刻刀　　　　　　完成形象勾勒　　　　　　刻出阴阳纹理

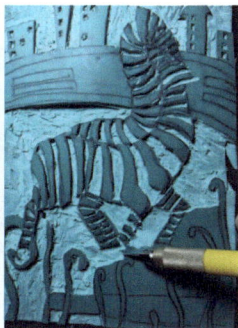

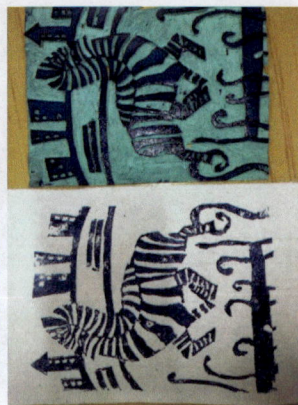

用胶辊滚油墨　　　　　　　　用宣纸压印　　　　　　　　完成作品

橡胶版画制作示范 2：

在胶版上绘形并刻出纹理　　　　　用胶辊滚油墨　　　　　　　完成作品

橡胶版画制作欣赏：

幼儿完成的橡胶版画作品，线条朴拙，体现出刀痕运行的趣味

五、其他材料

色彩可探索的空间很大，对材料的尝试和创作是色彩学习必须经历的阶段。不同材料呈现出的不同效果能够为作品带来新的可能。这里所提到的其他材料不能涵盖所有，只是选择了较为常见的几种材料进行讲解。

（一）炫滑棒

炫滑棒是一种质地细腻、色泽光滑、附色能力较强、能够表现出厚重涂色质感的儿童绘画材料。普通炫滑棒的效果与油画棒接近，涂色方法与普通油彩画相近，作画时要由浅色到深色层层递进。此外，水溶性炫滑棒在完成画面后可以用清水打湿纸面，并能快速溶解，体现出水彩的效果。炫滑棒容易着色，融水后变化丰富，使用时轻松方便，是深受幼儿喜爱的绘画着色工具。

炫滑棒作品示范：

勾形

勾边及铺大色块

丰富色彩层次

表现细节

铺天空的大色块　　　　　　丰富色彩层次　　　　　　用水打湿画面，溶解色彩

炫滑棒作品欣赏：

用炫滑棒厚涂和薄涂可产生不同的效果，色彩的层叠也能形成新的色彩变化

（二）色粉笔

　　色粉笔具有细腻的粉质颗粒，能够覆盖较深的纸面底色。色粉笔丰富的色彩变化较易于进行色彩的写实表现，粉质颗粒有利于色彩之间的层层融合、覆盖，产生其他材料不能替代的丰富肌理效果。

色粉笔

色粉笔作品示范：

在黑卡纸上勾画形象

铺底色

刻画细节，丰富层次

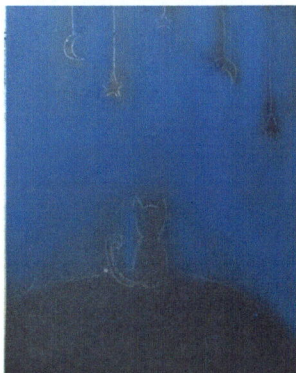

铺天空颜色

勾画主体形象

刻画细节，丰富层次

（三）彩色铅笔

彩色铅笔是木壳内包有彩色内芯的涂色工具。彩色铅笔从类型上分，有普通彩铅与水溶性彩铅两种。普通彩铅无法溶解于水，而水溶性彩铅在着色完毕后可用清水笔轻刷纸面，会使彩铅粉迅速溶解，产生水彩画的韵味与效果；也可在画之前将纸面局部打湿，让彩铅在作画过程中边涂边自发溶解。

优质彩色铅笔的铅粉色泽鲜亮、颗粒细腻。在绘画时，彩色铅笔因铅芯较细，着色需层层进行，色彩由浅至深，并在色彩衔接时要过渡自然、色彩丰富。彩铅的粉质颗粒状在纸面的附着力较弱，所以画纸应选用粗面的冷压纸（如素描纸、水粉纸或水彩纸），不宜选用光面的热压纸（如打印纸）。

彩色铅笔作品示范：

勾形

描绘主体的色彩关系

调整画面，完成

勾形

描绘主体的色彩关系

调整画面，完成

彩色铅笔作品欣赏：

作画时，彩色铅笔的溶水和不溶水性能可交替使用，利用溶水呈现
色彩渐变、不溶水呈现微妙的笔触

（四）浮水画

浮水画的颜料也称土耳其颜料，是一种易在布料、木块、纸面等材料
上着色的工具，其色彩亮丽、不溶于水、耐久性强。

制作浮水画时需借助浮水画溶液（可用调和粉按比例调制），稍具黏稠
性的浮水画溶液会承托起漂浮于水面的浮水画颜料，用小棍轻轻搅动可形成
生动的纹理。印制时将纸面或布面材料平置于色彩表面即可印出生动的画面。

浮水画作品示范：

静置溶液　　　　滴入彩液，用小棍轻轻搅动　　　　将图案印于纸面

浮水画作品欣赏：

印于砖块与纸面的浮水画作品

印于纸面的浮水画作品

六、综合材料

　　除常用的作画工具外，还可运用生活中的各种材料，如彩色石子、彩色玻璃片、五谷豆类、植物、废报纸等进行色彩组合和拼贴。综合材料具有美丽的色彩与质感，材料在组合过程中借助绘画工具，能够体现出比平面纸张画面更为丰富的画面效果。

综合材料《星空》作品示范：

　　在多个立体纸箱的表面绘画并进行组合，完成大型装置作品，使欣赏者可在欣赏过程中随着观察角度的变化发现不同星空的形态和色彩。欣赏者也可搬动箱体进行重新组合变化，犹如搭建幼儿喜爱的积木玩具。

在废纸箱上铺底色

绘制星空色彩

完成各个面后晾干

作品组合展示

综合材料作品欣赏：

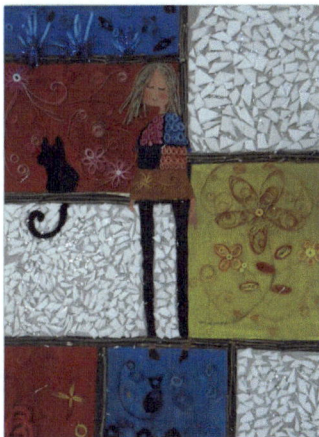
衍纸条与彩色泡沫纸拼贴

将大米与豆类拼贴染色

报纸、砂石拼贴

石块、木屑拼贴

铁丝网与沙砾拼贴

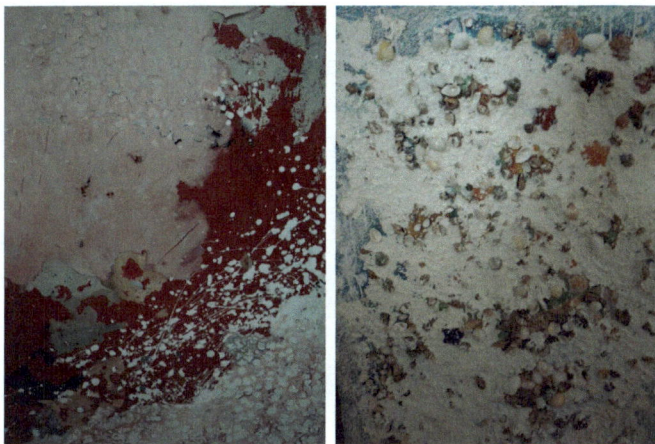

彩色纸、坚果壳拼贴及丙烯涂色

第二节　色彩创意表现

【教学目标】

在色彩表现中强调色彩创意

在实验中进行肌理、技法的创新和意境表现

【教学重点】

肌理表现和技法创新

色彩的意境表现

一、肌理质感

肌理是指自然物表面的丰富纹理，这些纹理并非人们所绘制，而是自然生成，形成画笔无法达到的美丽形态。

在心理感受中，肌理能产生触觉的联想，也能够引起情绪的反应。例如，棉花的肌理让人感觉柔软、蓬松，能引起轻松、愉悦、舒适的感受。棉花使人产生对白色团块的想象，可以运用水粉颜料蘸色拓印，将棉花的特殊质感表现于画面。

表现色彩肌理的材料有很多，如树叶、石块、丝网、毛线、布面等，运用拓印的方法可将这些材料的肌理转移到画面。印刷材料的变化也可使画面生成丰富的质感效果，如用孔状水粉纸、布面水彩纸、木纹板等材料进行肌理拓印，会产生不同的效果。

肌理质感作品示范：

用纸团印制肌理

将报纸揉皱后粘贴、涂色，表现肌理

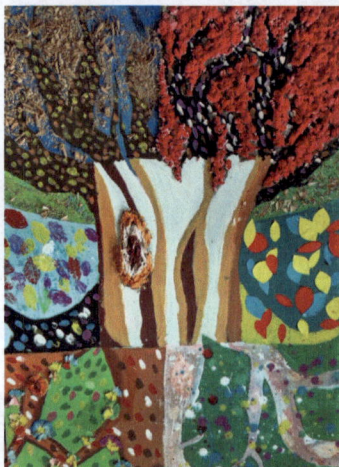

将皱纹纸、沙砾粘贴涂色

将纸浆、树叶粘贴涂色

将底纹纸涂色

将蛋托涂色

二、意境表现

　　作品的意境来自色彩的烘托表现。意境是在统一的画面基调下形成的情境语言，更多强调创作者的内心感受，并将感受表现在作品的创作风格特征之中。意境可以由平面色彩营造，也可由空间环境构成。绘制色彩作品时，创作者应围绕作品的主题多角度地表现感受，创造艺术意境。

（一）《彩色木屋》作品举例

　　下列作品的意境表现运用了平面和立体的色彩造型手法，结合手工的建筑构造，营造了小木屋的温馨意境。在幼儿喜爱的建筑题材中，超轻黏土这一材料经常被使用。黏土便捷、易存放、色彩艳丽，无论是用作装饰还是形象塑造，都很合适。

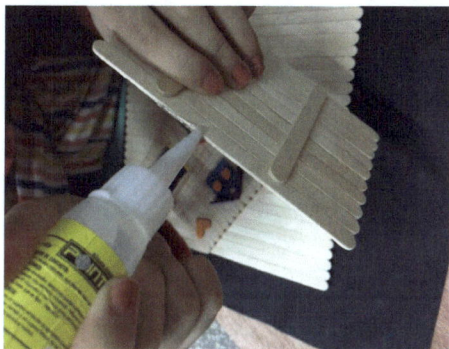

用木棍粘贴

将木棍染色，用超轻黏土装饰

组合局部构造

（二）意境表现作品欣赏

作品的意境要通过材料来传达，合适的材料才能体现作品所要表达的审美观念。每一件作品，无论构思立意还是材料选用都有着特有的风格特征；欣赏作品的过程，也是学习用色彩材料表现意境的过程。下列作品包括壳类、绳类、木质等材料，蛋壳的朴质、纽扣的华丽、木棍的精美结合和巧思妙想，构成了意境丰富的画面。

枯树叶与蛋壳绘画

彩色纽扣与金属丝

木棍组合而成的色彩建筑

三、技法创新

技法创新是在传统的色彩技法基础上进行新的实验、探索和尝试。技法创新主要体现在运用新形式、新观念和新方法组织材料，营造作品的气氛，表达作品的主题。

技法创新不是堆砌材料或在材料上求新求异，而是在发现材料特性的过程中，思考材料的组织和主题的表现方式。在当代艺术作品中，艺术家以新的技法创作出了许多与主题相符、能发挥创造想象力的新作品形式。

（一）《海底世界》作品举例

　　珠海启雅幼儿园的幼儿们借用废旧报纸团造型、白乳胶固定、丙烯涂色等方法，将材料堆积成立体形象，并结合综合材料表现环境，完成了大型装置作品《海底世界》。

用报纸团制作大鲨鱼，并用纸巾和白乳胶定型

在鲨鱼表面涂色

用上述方法制作小丑鱼

用综合材料粘贴表现海洋

完成装置作品《海底世界》

（二）技法创新作品欣赏

在下列作品中，每一件作品都有着对传统技法的改造和创新：传统的剪纸染纸被组合连接在一起形成装置，油画小框在不同的组织和摆放关系中呈现出新意，纤维状线绳缠绕体现出色彩的渐变效果。这些对于传统技法的突破和创新给人以耳目一新之感。

传统剪纸染纸制作的装置作品
（作品来自全国儿童文学年会长沙师范学院"童心画语"作品展）

色彩在展示方式、材料、组合关系上的创新

色彩与纸浆雕塑的结合　　　　　　色彩以丝线缠绕的方式呈现
（以上几幅作品来自长沙师范学院毕业生作品展）

第三节　色彩产品创意设计

【教学目标】

运用色彩进行产品的创意设计

色彩的生活化体现

【教学重点】

色彩产品创意设计的常见类别及分析

色彩产品创意表现的方法

一、产品的创意设计

色彩除了用于平面作品绘画，以及立体空间营造之外，还可以表现在日常用品和产品设计上。在学前美术教学领域，色彩应用还包括对儿童产品的设计构思。

儿童产品种类丰富，有玩教具类、生活用具类等。玩教具包括面具、挂图、绘本、益智玩具等，生活用具包括儿童服装、书包、文具用品、家具等。

（一）儿童产品设计过程

从一个好的构思产生到实现产品，需要经过许多设计环节，每一个环节都能够训练设计者关于形象表现、色彩造型、产品创意的基本能力。

1. 设计产品主体形象

产品的主体形象是结合产品主题、产品风格、产品工艺要求等多要素的视觉形象的集合。主体形象需要依据新时代背景下的消费者心理特征，符合一定的艺术表现规律，融入创作者对生活的主观理解与感悟，因此设计产品主体形象是实现市场价值过程中非常重要的一环。

以贴近生活的具体产品主体形象设计为例，设计一个灯笼的主体形象。首先，分析形象构成特征，如鱼的身体呈棱形，尾巴为三角形。其次，用局部夸张和拟人的手法对形象进行变形，如鱼的嘴部嘟着像吹泡泡，放大的眼睛可呈现卡通化。此外，设计产品的主体形象需要结合产品消费群的心理特征，从产品实用性功能特点、产品材料的特殊性等方面进行考虑。

2. 设计产品

设计产品是在产品主体形象设计完成后，针对产品用途、造型等特征进行产品整体形象的设计。在设计时，除了要考虑与主体形象相适应的色彩、形状等因素外，还需要考虑产品材料、文化含义及实用方法。设计产品是从主体形象的平面表现到形象载体的立体化转换过程，是艺术性与文化性、实用性兼有的设计过程。

同样以下图的鱼灯笼为例，鱼作为主体形象，融入了春节的主题。中国习俗中鱼代表"年年有余，吉祥如意"，春节也有点缀花灯的传统。基于文化理解设计出的灯笼造型传统而简洁，体现了春节的热闹气氛和美好祝愿，灯笼的红色符合喜庆、热闹、活泼的主题。

3. 色彩表现

色彩表现即对产品进行效果呈现的过程，在设计中被称为产品草图绘制。色彩表现除了要准确表达产品整体的具体特征外，还要对产品的质感、使用方法进行具体的表现。在下面的示范图例中对灯笼和鱼的形象进行了同类色设计，环境平铺暗色，与产品主体形成强烈对比，灯笼提手的具体表现使产品使用方法更为清晰。

（二）儿童产品设计示范

下列鱼灯笼的设计示范，融合了中国传统灯笼的造型和金鱼（金玉满堂）的吉祥寓意，在设计中，充分体现出了儿童产品色彩鲜明、形象活泼的特点，整体设计过程清晰，设计目标明确。

设计产品造型及图案

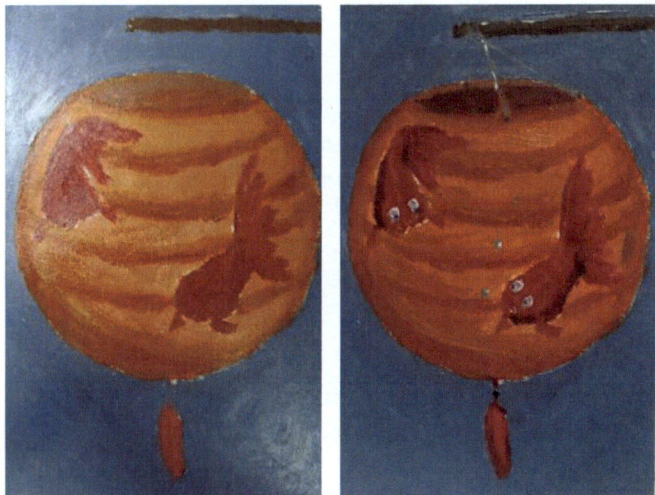

涂基本色　　　　　　　　细节刻画

二、儿童产品的色彩创意

　　儿童产品的色彩创意是在半成品上进行色彩设计，以符合儿童使用时的心理特点，并在生活实用品中加入装饰和审美元素。除了面具、布料、家具、贺卡的手绘外，雨伞、风筝、灯笼、皮包等物品上均可以进行色彩创意，快运用所学的色彩知识装点我们的生活吧。

（一）面具手绘

　　用丙烯颜料在儿童喜爱的面具涂绘鲜艳的色彩，根据面具的构造及面具形象的特征，结合色彩的情感体现，为京戏形象及化妆舞会设计面具，面具产品的色彩设计和制作过程也可由儿童亲自参与体验。

面具的色彩表现

（二）纺织品手绘

在纺织品上表现富于个性的色彩形象，制作服饰后穿着于身，能给人以亲切自然的感受。看似随意的色彩，经过扎染或手绘，可产生出美丽的色彩效果。

1. 布面扎染

用植物染料、化学染料、丙烯颜料、纺织品颜料等均可完成布面的染色。制作前，先将布面打湿后拧干，用皮筋或针线将布扎紧，再浸入调配好的色彩中，即可完成布面扎染。

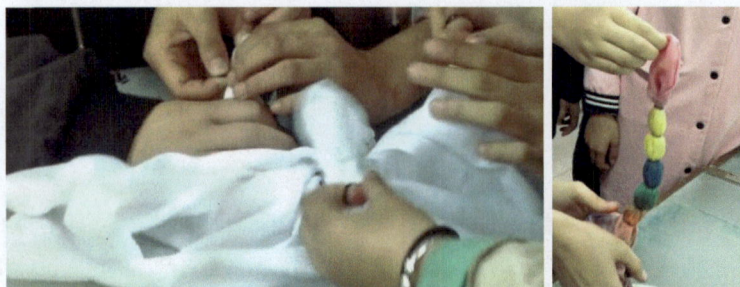

将布面打湿，拧干，用皮筋扎结

调丙烯颜料染布

解开布结

将布展开晾干

2. 纺织品绘画

在准备好的纺织品表面绘出形象，可选用丙烯颜料、纺织品颜料等进行制作。纺织品绘画有个性鲜明、色彩强烈的特点，可依据个人喜好在纺织类产品上进行绘制，展现出绘画者和穿着者的风格特征。纺织品手绘强调参与性和展示性。

用丙烯在布面上绘画

在帆布背包上绘画

丙烯颜料在T恤衫上作画

（三）家具（板凳）手绘

家具手绘是在刷好白漆底面的家具上用丙烯颜料绘制色彩的方法。家具手绘不仅可以表现色彩形象，而且可以美化生活、改造环境，并体现出现代家具装饰的个性特征。在幼儿园、小学的美术教学中也非常适合开展此类产品色彩创意活动。

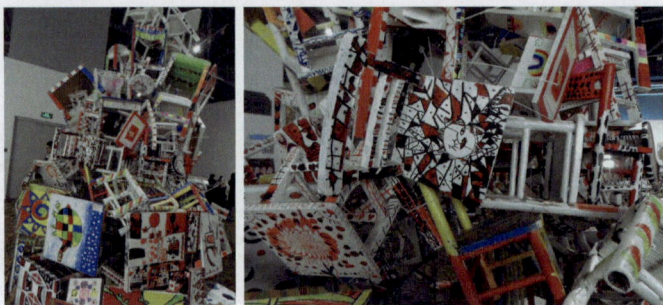

南京万名儿童美术作品双年展

（四）绘本、贺卡、招贴等手绘

绘本、贺卡、招贴均是与日常生活关系紧密的色彩产品，在现代化的今天，承载了手绘的温情与心意的小小产品，无论是收藏还是赠送，都能体现出设计者深厚的情谊。

绘本创作

海报招贴创作

海报招贴创作（续）

贺卡创作

三、儿童环境的色彩创设

环境需要色彩，色彩为环境创设带来了新形式、新创意和新方法。在幼儿园环境创设中需要运用色彩规律进行壁画表现及区角布置。壁画表现是运用丙烯颜料进行墙面涂鸦的方法。区角布置较为多样，从分区上来看，有角色区域、展示墙面、吊饰和空间装置等。

色彩在儿童环境创设中发挥着重要的作用，环境色彩能为儿童营造一个愉悦、明亮的色彩环境，激发儿童的创造力和想象力，同时也为儿童成长过程中拥有健康的心智提供了良好的色彩导向作用。

纸箱、陶土、超轻黏土营造的区角装置

珠海启雅幼儿园钢化板印制的幼儿作品

长沙六艺天骄幼儿园展示的色彩环境

四、儿童产品的色彩创意欣赏

　　被人们丢弃的易拉罐、酒瓶、鸡蛋等，在儿童产品创意中均能成为有用处的产品，如易拉罐栽种植物，酒瓶做成小人，鸡蛋壳作为玩具，这些废旧物品能够再次装饰利用，转化成装点生活的实用品。儿童产品创意的种类、方式多种多样，在色彩学习中思考和练习儿童产品的设计方法，有利于学生为未来的生活和工作累积经验，提升艺术塑造力和感受力。

易拉罐设计

游戏彩蛋设计

色彩

（全彩微课版）

扇面设计

不倒翁设计

（制作方法：气球上粘满三层废报纸片，干后气球废弃，固定黏土置球底，涂色）

沙瓶设计

（制作方法：酒瓶表面涂白乳胶滚沙，干后涂色）

灯笼设计